Général PALAT

(Pierre Lehautcourt)

La Grande Guerre sur le Front Occidental

II

LIÉGE - MULHOUSE
:: SARREBOURG ::
:: MORHANGE ::

avec 3 cartes

LIBRAIRIE CHAPELOT
1917

Prix : 8 fr.

LA GRANDE GUERRE

SUR LE FRONT OCCIDENTAL

OUVRAGES DU MÊME AUTEUR

L'alliance franco-allemande ou la guerre. — Réponse à M. Sembat. 1914. 1 vol. in-16 .... **3 fr. »**

Les probabilités d'une guerre franco-allemande. 1913. Brochure in-8°... **O fr. 60**

Une grande question d'histoire et de psychologie. Bazaine et nos désastres en 1870. — Tome I. *Le Mexique - Les batailles sous Metz. —* Tome II. *Le blocus de Metz. - La capitulation.* 1913. Chaque volume in-8°.. **7 fr. 50**

Le rôle du X⁰ Corps au 16 août 1870. 1913. Brochure in-8° **2 fr. 50**

Étude de tactique appliquée. — La Cavalerie dans la bataille (15 et 16 août 1870). 1906. Brochure in-8°.............. **3 fr. 50**

Quelques enseignements de la guerre russo-japonaise. 1905. Brochure in-8°.. **0 fr. 75**

Général PALAT

(Pierre Lehautcourt)

LA GRANDE GUERRE

SUR LE

FRONT OCCIDENTAL

II

LIÉGE, MULHOUSE, SARREBOURG, MORHANGE

LIBRAIRIE CHAPELOT

1917

INTRODUCTION

Le présent volume est consacré à la mobilisation, à la couverture et à la concentration sur le front occidental, ainsi qu'aux premiers événements militaires en Belgique, en Alsace et en Lorraine. Malgré toutes nos recherches, il présente des lacunes concernant les opérations de nos 1re et 2e armées, en raison de l'insuffisance et du vague extrême de beaucoup des documents communiqués jusqu'ici au public. Peut-être nous sera-t-il permis de regretter la discrétion dont a fait preuve le haut commandement français en cette matière. La confiance réciproque des troupes et du pays n'aurait pu que gagner, semble-t-il, à ce qu'on imitât chez nous la franchise du commandement anglais dans ses *Naval and Military Despatches relating to the War* (1). Nous ne possédons rien de semblable. Au contraire, on s'est attaché à conserver pour nos troupes un anonymat qui ne paraît pas de nature à rehausser leur moral. C'était rompre avec toutes nos traditions militaires et oublier que, dans les armées françaises, le désir de se distinguer, la soif de gloire, pour employer un mot quelque peu désuet, a, de tout temps, exercé l'action la

---

(1) Ou du gouvernement belge dans *L'action de l'armée belge pour la défense du pays et le respect de sa neutralité* et dans la *Campagne de l'armée belge d'après les documents officiels.*

plus puissante sur les individus comme sur les collectivités.

S'il est un enseignement qui ressorte des faits dont on va lire le récit, c'est assurément notre *défaut de préparation* matérielle et morale au début des hostilités. Non seulement nous n'avions pas suffisamment prévu une grande guerre contre l'ennemi héréditaire, l'invasion de la Belgique à laquelle il procéderait selon toutes les probabilités, l'effroyable consommation de matériel et de munitions qu'exigeraient nos opérations, mais nous avions paru laisser dans l'ombre la question des effectifs de combat. Nous avions négligé le rôle capital de l'artillerie lourde, de la fortification de campagne, de l'aviation dans cette guerre que si peu de gens croyaient imminente. La mobilisation proprement dite était préparée avec grand soin, du moins pour ce qui concerne l'armée active et sa réserve, mais nous n'avions rien prévu pour la mobilisation civile, pour l'organisation du Parlement en temps de guerre. La délicate question des finances avait été à peine envisagée. Trop souvent, nous allions en être réduits à des solutions de fortune, dont beaucoup devaient se révéler inapplicables à bref délai. En face d'un adversaire qui avait préparé la guerre dans les plus petits détails, avec la collaboration effective du Parlement, de la presse, de la finance, de toutes les corporations, à commencer par les Universités, nous semblions croire qu'une grande guerre constituait une éventualité très peu vraisemblable et que, si elle survenait jamais, ce serait presque uniquement affaire des organes spéciaux, autrement dit des ministères de la Guerre et de la Marine.

Sous une forme légère, M. Anatole France a finement analysé certains des sentiments qui contribuèrent à cette situation. Voici les réflexions qu'il met dans la bouche de M. Bergeret (1) : « Elle [la République] est volontiers militaire, mais point du tout belliqueuse. En considérant les chances d'une guerre, les autres gouvernements n'ont à redouter que la défaite. La nôtre craint également, avec juste raison, la victoire et la défaite. Cette crainte salutaire nous assure la paix, qui est le plus grand des biens ». Certes oui; encore faut-il être d'accord sur la valeur des mots. Il y a bien des manières de comprendre celui-là. M. von Bethmann-Hollweg ne l'entend assurément pas comme M. Ribot, ni même comme M. Bergeret.

Saint-Lien, Nantes-Doulon, le 24 août 1917.

---

(1) *L'Orme du Mail*, p. 229, édition Calmann-Lévy, 1899.

LA GRANDE GUERRE

SUR LE FRONT OCCIDENTAL

Liége — Mulhouse — Sarrebourg — Morhange

CHAPITRE I

LA COUVERTURE

La couverture française. — Résultats de la loi de 1913. — Transports de couverture. — Dispositions prises. — La couverture allemande.

I

Pendant de longues années, deux corps d'armée seulement sur dix-neuf, les 6ᵉ et 7ᵉ, tenaient garnison sur la partie de nos frontières située entre le grand-duché de Luxembourg et la Suisse. Il en résultait pour nos troupes de couverture une réelle infériorité, car, à la même époque, quatre corps d'armée allemands au moins (1), les VIIIᵉ, XVIᵉ, XVᵉ et XIVᵉ, bordaient cette frontière ou en étaient à proximité immédiate.

Cette situation s'améliora sensiblement dans la suite. On créa deux corps d'armée nouveaux, les 20ᵉ et 21ᵉ, qui s'intercalèrent entre les 6ᵉ et 7ᵉ; on remania les régions de façon à étendre la 2ᵉ au nord-est. En 1914, cinq corps

____

(1) Encore négligeons-nous le IIᵉ corps bavarois, dont une division était à Landau.

d'armée étaient destinés à former la couverture, les 7ᵉ, 21ᵉ, 20ᵉ, 6ᵉ et 2ᵉ, soit près du quart de nos forces actives (1).

Sous un autre rapport, la situation s'était également améliorée. Jusqu'en 1913, chaque année, après la libération du contingent et pendant plusieurs mois, soit du 25 septembre au 1ᵉʳ mars, l'armée active ne comportant qu'une classe exercée et une classe de recrues, les unités de couverture étaient réduites à 70 combattants par compagnie, 80 par escadron, 50 par batterie de campagne. On pouvait donc les considérer comme matériellement incapables de remplir leur rôle de protection avant d'avoir incorporé des réservistes. Une attaque brusquée de l'Allemagne, du genre de celle que nous allons décrire sur la Belgique, aurait eu contre nous les plus grandes chances de succès (2).

En portant la durée du service à trois ans, la loi du 7 août 1913 améliora grandement cette situation. Quand la guerre éclata, nous avions trois classes sous les drapeaux, celles de 1911, 1912, 1913. Les unités de couverture atteignaient un effectif qu'elles n'avaient pas encore atteint. Nous verrons en traitant de la mobilisation pour quelles raisons le résultat final ne fut pas aussi bon qu'il eût pu l'être. Mais il n'en reste pas moins un fait hors de conteste, c'est que la loi si péniblement arrachée aux Chambres rendait notre situation beaucoup moins pré-

---

(1) 7ᵉ, Besançon; 14ᵉ division, Belfort; 41ᵉ, Remiremont; 21ᵉ, Epinal; 13ᵉ division, Chaumont; 43ᵉ, Saint-Dié; 20ᵉ, Nancy; 11ᵉ division, Nancy; 39ᵉ, Toul; 6ᵉ, Châlons; 12ᵉ division, Reims; 40ᵉ, Saint-Mihiel; 42ᵉ, Verdun; 2ᵉ, Amiens; 3ᵉ division, Amiens; 4ᵉ, Mézières.

(2) Le général Maitrot écrit même qu'elle aurait infailliblement crevé la couverture (*Nos frontières de l'Est et du Nord*, p. 4 et 5). Des études faites sur place, quelque temps avant la guerre, confirment cette assertion en ce qui touche l'un des points les plus importants de la frontière.

caire vis-à-vis de l'Allemagne. Au 1ᵉʳ janvier 1914, l'effectif réel est de 738.000 hommes de l'armée active, déduction faite des indigènes algériens, des régiments étrangers et des hommes du service auxiliaire. Au 1ᵉʳ janvier 1913, cet effectif n'était que de 517.000 hommes, d'où un accroissement de 221.000 hommes pour nos troupes de premier choc (1).

II

C'est le 31 juillet, après la proclamation de l'*état de danger de guerre* en Allemagne, que le gouvernement français décida la mise en place de la couverture. Commencés le même soir, à 21 heures, les transports nécessaires par voies ferrées furent terminés le 3 août, à 12 heures,. sans que, jusqu'au 2 août à minuit, il y eût eu aucune modification du service commercial. Ces mouvements s'accomplirent avec une extrême régularité, sans retard appréciable, soit à l'arrivée, soit au départ, et bien que, sur le seul réseau de l'Est, ils eussent exigé un grand nombre de trains (2). En outre, près de 250 trains assuraient l'approvisionnement de siège des places fortes.

Le rôle de nos troupes de couverture allait être d'autant plus délicat que des considérations politiques limitaient singulièrement leur liberté d'action. Dès le 30 juillet, le gouvernement leur donnait l'ordre de se maintenir

---

(1) A. Gervais, sénateur, membre de la Commission de l'armée, *769.000 hommes sous les armes, Matin* du 3 avril 1914.

(2) « Près de 800 trains » (*Exposé de six mois de guerre*, p. 52). Ce récit, évidemment officieux, fut d'abord publié par la presse anglaise et traduit ensuite en français. Un autre récit, d'origine officielle, porte *près de 600 trains*. L'avis d'exécution avait été reçu le 31 juillet à 17 h. 55 (*Aux chemins de fer de l'Est*, extrait du rapport présenté aux actionnaires le 23 avril, *Débats* du 7 juin 1915).

à dix kilomètres au moins de la frontière, de façon à éviter tout incident qui servirait infailliblement de prétexte aux Allemands.

Le 2 août, nouvelle instruction prescrivant de laisser à nos adversaires l'entière responsabilité des hostilités éventuelles et de se borner à repousser toute attaque d'une troupe entrée sur notre territoire (1). En même temps, le ministre de la Guerre adressait au commandant de la 1ʳᵉ région (Lille) des recommandations spéciales : « Il est absolument nécessaire en l'état actuel de n'avoir aucun incident sur la frontière franco-belge et par suite de ne pas s'en approcher pour les troupes (*sic*) à moins de deux kilomètres environ.

« Il sera recommandé aux douaniers et forestiers d'éviter tout incident (2). »

Le 3 août, les troupes de couverture recevaient de nouveaux ordres confirmant et précisant ceux du 2 : il s'agissait encore de laisser aux Allemands l'entière responsabilité des hostilités et de se borner à repousser leurs attaques. Il semble que, dans ce cas, le gouvernement français ait exagéré les scrupules. A ce moment, il ne pouvait plus y avoir doute sur les intentions de l'Allemagne.

Enfin, le 4 août, c'est-à-dire le jour même où nos adversaires pénétraient en Belgique, on adressait aux troupes de la frontière les recommandations suivantes : « L'Allemagne va tenter par de fausses nouvelles de nous amener à violer la neutralité belge.

---

(1) *Note officielle du 24 mars 1915*, reproduit par F. Passelecq, *Le second Livre blanc allemand, essai critique*, p. 127.

(2) Reproduit dans une lettre du ministre de la Guerre au ministre des Affaires étrangères, 16 février 1915, *2ᵉ Livre gris belge*, p. 138 (Edition des *Pages d'histoire*). La note du 24 mars 1915 porte ce télégramme au 3 août au lieu du 2.

« Il est interdit rigoureusement et d'une manière formelle, jusqu'à ce qu'un ordre contraire soit donné, de pénétrer, même par des patrouilles ou de simples cavaliers, sur le territoire belge, ainsi qu'aux aviateurs de survoler ce territoire ».

C'est le 5 août, seulement, sur la demande du gouvernement belge, que cette défense était levée pour les avions et dirigeables comme pour les reconnaissances (1). Ces faits irrécusables ne devaient pas empêcher le gouvernement allemand de justifier son attentat contre la Belgique en alléguant de prétendues violations de ce territoire neutre par nos aviateurs ou même par nos troupes. Le 3 août, à 1 heure 30 du matin, le ministre d'Allemagne à Bruxelles demandait à voir le secrétaire général du ministère des Affaires étrangères. Il était chargé par son gouvernement de faire connaître que des dirigeables français avaient jeté des bombes et qu'une patrouille de cavalerie était entrée, le tout *en territoire allemand*. Ces actes faisaient supposer que d'autres, contraires au droit des gens, seraient commis par la France (2).

Un peu plus tard, le mensonge prit une forme plus accentuée. La *Norddeutsche Allgemeine Zeitung* allégua que, dès le 24 juillet, des troupes françaises en armes avaient pénétré en territoire belge. Il se trouvait même des témoins allemands pour affirmer ce fait ou d'autres analogues sous la foi du serment (3). Il a été facile de prouver que ces allégations étaient simplement men-

______

(1) *Note du 24 mars 1915*, F. Passelecq, p. 127.

(2) Note du 3 août, *Livre gris belge*, n° 21. Ces assertions étaient fausses, est-il besoin de le dire ?

(3) 2ᵉ *Livre gris belge*, n° 116, M. Davignon à tous les chefs de mission, 28 janvier 1915; n° 117, le même à M. Klobukowski, 6 février 1915; n° 118, réponse de M. Klobukowski, 13 mars 1915 et trois annexes.

songères ou basées sur une confusion des uniformes français ou belges. De ces accusations il ne reste qu'un fait : après avoir ruiné de toute façon la Belgique, les Allemands ont tenté de la déshonorer, mais des entreprises de ce genre déshonorent sûrement leurs auteurs.

III

Immédiatement en face des cinq corps d'armée français que nous avons énumérés, figurent six corps d'armée allemands. Quatre sont au contact de notre frontière les XIV° (Carlsruhe; 28° division, Carlsruhe; 29°, Fribourg-en-Brisgau); XV° (Strasbourg; 30° division, Strasbourg; 39°, Colmar); XXI° (Sarrebruck; 31° division, Sarrebruck; 42°, Sarrebourg); XVI°, Metz (33° et 34° divisions, Metz).

Deux autres corps d'armée sont dans un voisinage assez rapproché de la frontière pour qu'une partie de leurs éléments, au moins, puissent participer à la couverture : II° corps bavarois (Wurtzbourg; 3° division, Landau; 4° division, Wurtzbourg); VIII° corps (Coblentz; 15° division, Cologne; 16° division, Trèves).

La couverture est d'autant mieux assurée que près de moitié des 651 bataillons d'infanterie allemands sont à effectif renforcé (1) : soit 297 à effectif *fort* de 722 hommes de troupe ou employés et 354 à effectif *faible* de 644. Tous les régiments de cavalerie ont le même effectif : 740 hommes de troupe et 726 chevaux. Quant aux 609 batteries de campagne, 264 sont à effectif fort (143 hom-

---

(1) Notons que ces effectifs sont des *minima* et que leur fixité est beaucoup mieux assurée que chez nous.

mes de troupe, 100 chevaux) et 345 à effectif faible (124 hommes de troupe, 75 chevaux (1).

Cette proportion se retrouve à peu près la même dans l'artillerie à pied.

Nous avons dit, dans une autre étude, que les premières mesures allemandes en vue d'une mobilisation paraissent avoir été prises le matin du 25 juillet, sinon à une date antérieure. Les troupes de couverture auraient été mises en place le 27; les éléments éloignés de la frontière en auraient été rapprochés le 28 (2). Les effectifs des troupes de couverture étaient complétés les 28, 29, 30 par l'appel individuel de réservistes. On évaluait leur nombre à un minimum de 125.000 (3). Le 30 juillet, M. Viviani écrivait que, non seulement les troupes en garnison à Metz avaient été poussées jusqu'à la frontière, mais qu'elles avaient été renforcées d'éléments venus par voies ferrées de l'intérieur, de Trèves ou de Cologne par exemple. L'armement des places menacées avait commencé le 25. Les troupes de couverture avaient leurs avant-postes « sur nos bornes-frontière ». Dès le 29 juillet, on signalait l'entrée de patrouilles allemandes en territoire français (4), ce qui n'empêchait pas leur gouvernement de formuler contre nos préparatifs des plaintes au moins

---

(1) Il y a, en outre, 33 batteries à cheval, toutes à effectif fort.

(2) *Livre jaune*, n° 159, discours de M. Viviani, le 4 août 1914.
Il résulte des déclarations d'un lieutenant de réserve, professeur à l'Université de Strasbourg, que, le *20 juillet* au matin, les 112ᵉ et 142ᵉ régiments sont au camp de Heuberg avec de l'artillerie, quand les chefs de corps reçoivent l'ordre télégraphique de rejoindre immédiatement leurs garnisons. Le 112ᵉ rentre à Mulhouse le 22 (*Journal des Débats* du 21 octobre 1914. Cf. *La grande guerre sur le front occidental. Les éléments du conflit*, p. 154).

(3) D'après le *Temps* du 31 juillet 1914.

(4) *Livre jaune*, n° 106, M. Viviani à M. Paul Cambon, 30 juillet 1914.

singulières (1). Ainsi se trahissait l'un des procédés qui allaient être le plus familiers à nos adversaires : nier résolument tous leurs torts, même contre l'évidence, et se plaindre amèrement de la moindre infraction au droit des gens, quand les circonstances faisaient de ces plaintes une amère dérision. Nouvelle application de ce principe qui veut que l'Allemagne ait tous les droits, y compris celui d'altérer impudemment la vérité. La présente guerre n'a-t-elle pas été déclenchée par nos adversaires sur un télégramme absolument faux :

« Berlin, 2 août, 3 h. 15 après-midi.

« *Un aviateur français bombarde Nuremberg.*

« Une nouvelle de source militaire annonce que, dimanche matin, un aviateur français a jeté des bombes à Nuremberg et dans les environs... » (2).

---

(1) *Livre blanc*, annexe 17, le chancelier à l'ambassadeur d'Allemagne à Paris, 29 juillet.

(2) *La grande guerre. Recueil des communiqués officiels*, série I, p. 28.

CHAPITRE II

LA MOBILISATION

Mobilisation française. — L'esprit de la nation. — Les mobilisés. — Résultats de la loi de 1913. — Transports de mobilisation. — Mobilisation belge. — Mobilisation anglaise. — Mobilisation allemande.

I

On ne saurait dire combien le sentiment de l'injuste provocation allemande contribuait à faciliter notre mobilisation, à en rendre le poids moins lourd pour un peuple qui, pourtant, la veille encore, ne songeait nullement aux aventures guerrières. N'est-ce pas un sénateur, M. Debierre, vice-président du parti radical-socialiste, qui s'exprimait ainsi, dans le *Rappel*, à l'automne de 1913 : Le Congrès de Pau « dira, nous dirons : guerre à la guerre. La République, c'est la paix et l'empire du travail créateur. La réaction, c'est la guerre avec ses désastres et ses ruines... ». Toute cette phraséologie s'envolait au souffle des événements. M. Clémenceau écrivait dans l'*Homme libre* (31 juillet) : « C'est une force de savoir qu'on lutte pour l'existence même de sa patrie. Nous sommes dans ce cas, précisément, et ceux qui ont triomphé de nous avec tant de peine, quand nos armées étaient anéanties et que tous les moyens d'action nous manquaient à la fois, vont apprendre ce que nous pouvons faire, quand il n'y a plus d'autre moyen que la victoire pour sauver notre pays ».

En temps normal, la presse française est extrêmement

divisée dans ses opinions, de même que le pays dont elle émane. L'agression allemande la faisait unanime. Dans *La Guerre sociale*, M. Gustave Hervé assure, le 31 juillet, aux « soldats et officiers » qui constituent nos troupes de couverture, qu'ils peuvent veiller sans arrière-pensée sur nos frontières. « Personne ne leur tirera dans le dos.

« Ici, tous, nous avons rayé de notre *Internationale* le couplet des généraux.

« Et notre *Internationale*, ainsi expurgée, qu'est-ce qu'elle dit au fond, sinon ce que disait la *Marseillaise* que nos pères chantaient il y a cent vingt ans! »

Nous n'avions pas souhaité la guerre, mais nous la voyions approcher sans faiblesse. La certitude rendit notre résolution plus arrêtée et notre confiance plus entière. « Dans ces jours d'angoisse poignante, mais aussi de fière énergie, écrivait le *Figaro* du 2 août, ...aucune nation n'aura donné un plus bel exemple de sang-froid et de bravoure que la nôtre. Notre première victoire, nous l'avons remportée sur nous-mêmes, en faisant trêve à toutes les divergences d'opinions et d'intérêts....

« Rien n'était plus réconfortant que de parcourir les boulevards, hier soir. On y respirait je ne sais quelle atmosphère vibrante d'émotion et d'allégresse. C'est que ce peuple est fort, non seulement de son enthousiasme, mais aussi de son droit.

« Cette guerre, la France ne l'a pas voulue. Elle a fait tous ses efforts loyaux et sincères pour en écarter la redoutable éventualité....

« La France n'engage pas la lutte à cause du conflit austro-serbe. Elle met ses armées en campagne, d'abord pour respecter la parole qu'elle a donnée à sa grande alliée la Russie, mais aussi parce qu'elle est directement visée par l'ennemi orgueilleux, patient et sournois qui, depuis quarante ans, ne lui a pardonné ni sa défaite matérielle, ni sa victoire morale.... »

La veille au soir, 1er août, à 16 h. 20, l'ordre de mobilisation avait été lancé aux quatre coins de la France :

« Armée de terre et armée de mer.

« ORDRE DE MOBILISATION GÉNÉRALE

« Par décret du Président de la République, la mobilisation des armées de terre et de mer est ordonnée, ainsi que la réquisition des animaux, voitures et harnais nécessaires au complément de ces armées.

« Le premier jour de la mobilisation est le dimanche 2 août 1914.

« Tout Français soumis aux obligations militaires doit, sous peine d'être puni avec toute la rigueur des lois, obéir aux prescriptions du fascicule de mobilisation (pages coloriées placées dans son livret).

« Sont visés par le présent ordre : *tous* les hommes non présents sous les drapeaux, appartenant :

« 1° *A l'armée de terre,* y compris les troupes coloniales et les hommes des services auxiliaires.

« 2° *A l'armée de mer,* y compris les inscrits maritimes et les armuriers de la marine. » (1).

Partout la mobilisation s'accomplit dans le plus grand ordre, affirmant la magnifique confiance de la nation. Dans beaucoup d'endroits, les maisons étaient pavoisées aux couleurs nationales, comme s'il se fût agi d'une fête solennelle. On couvrait de fleurs les partants, on les

---

(1) Suivait un tableau de concordance du calendrier et des jours de mobilisation.

accompagnait au chant de la *Marseillaise*. Le mois d'août était magnifique, sans que la chaleur fut accablante, et le beau temps rendait plus joyeux ces décors de fête. Les plus pacifiques se laissaient gagner par l'enthousiasme guerrier, irrités qu'ils étaient d'une odieuse et louche agression. L'*union sacrée* de M. Poincaré (1) n'était pas encore un vain mot. Tout respirait le sang-froid et la dignité d'une grande nation.

Ce n'était pas que la masse fût exempte d'illusions. Confiante dans la justice de sa cause, elle admettait volontiers la possibilité d'une victoire facile. Déjà elle voyait nos régiments sur les routes de Metz et de Strasbourg (2). Elle croyait à une guerre rapide et beaucoup parmi les mieux informés partageaient son erreur.

Dans toute la France, le spectacle est le même, avec les différences que comportent le caractère et les occupations habituelles de la population. Un neutre, qui se rend de Genève à Lyon pendant cette période, a donné de ses impressions un tableau qui paraît fidèle. Dans la journée du 1ᵉʳ août, il passe en chemin de fer aux pieds du fort de l'Ecluse. A partir de là, partout, le tocsin sonne, des tambours roulent; à toutes les stations, des réservistes envahissent les wagons, les uns équipés déjà, les autres en vêtements civils. On se serre, on se tasse; les couloirs sont pleins à craquer. Néanmoins la bonne humeur reste générale. Nul n'est ravi de partir, mais c'est l'Allemand

---

(1) Dans son message annonçant la guerre.

(2) Joseph Reinach, *La guerre sur le front occidental, 1914-1915, étude stratégique*, p. 66 et suiv. Au sujet de l'ordre et du calme de la mobilisation, cf. l'*Illustration* du 15 août 1914, p. 136, *Impressions de mobilisés*; Marcel Dupont, *En campagne (1914-1915), impressions d'un officier de légère*, p. 40 et suiv.; Lieutenant Deville, *Carnet de route d'un artilleur, Virton - La Marne*, p. 7 et 8; Capitaine Rimbault, *Journal de campagne d'un officier de ligne*, p. 11-17, etc.

qui l'a voulu. Et il le paiera, car le monde entier sait où
est le bon droit. La partie sera chaude, mais on est sûr
de la gagner. Il y a trop d'années qu'on nous marche
sur les pieds. Il est grand temps de mettre à la raison ces
voisins si encombrants. Aussi l'ordre est parfait dans ce
train bondé de jeunes gens. Il reste tel à Lyon pendant
toute la mobilisation. C'est avec transport qu'on y accueille
la nouvelle de la participation anglaise. L'impression
d'ensemble du neutre se résume ainsi : « Tout se passe
le mieux du monde au point de vue français » (1).

II

Dans cette vaste opération qui met en mouvement des
millions d'hommes, de chevaux, de voitures, il est fatal
que des erreurs se produisent, mais elles sont sans importance réelle. C'est ainsi qu'on voit convoquer dans
certaines régions, dès les premiers jours, un nombre de
médecins et de pharmaciens qui dépasse de beaucoup les
besoins immédiats, au risque de priver complètement des
populations entières de secours indispensables. Ailleurs
certaines catégories de réservistes sont prématurément
appelés sans que leur logement, leur équipement et même
leur armement aient été prévus (2). Enfin, dans certaines
grandes gares, où affluent plusieurs courants de réservistes, les dispositions indispensables n'ont pas été pré-
vues pour éviter toute fausse direction (3).

---

(1) *Journal de Genève* du 9 août 1914.
(2) Nous avons vu autour de Saint-Denis, pendant tout le mois d'août,
des zouaves d'un dépôt réduits à faire des promenades hygiéniques
sur les routes, faute d'habillement, d'équipement et de fusils.
(3) Vu à Saint-Pierre-des-Corps.

Nous avons dit en quoi la loi du 7 août 1913 avait amélioré la couverture. Ses résultats n'étaient pas moindres pour ce qui concerne la mobilisation. On sait comment ce projet, présenté par M. Briand, président du Conseil, et par M. Etienne, alors ministre de la Guerre, fut violemment combattu par les socialistes et par un grand nombre de radicaux. Ces opposants exagéraient les inconvénients de la mesure projetée, tout en refusant obstinément d'en admettre les avantages. Ils taisaient d'ordinaire leur principale raison, à savoir que l'intérêt électoral se conciliait mal avec la prolongation du service militaire. Après de très longs débats, le projet finit par être adopté, grâce aux efforts de M. Barthou, successeur de M. Briand, et des généraux Joffre et Pau, commissaires du gouvernement. Jaurès en avait été le principal et le plus prolixe sinon le plus éloquent adversaire. Dans l'*Humanité*, il prétendait imposer à tous les élus du parti radical-socialiste l'obligation « de répudier, de briser, de flétrir la loi de trois ans, la loi de réaction et d'abaissement, la loi de ruine et de défaite, la loi qui a compromis tout ensemble la défense nationale et l'action républicaine, et qui a ouvert la voie à tous les désastres extérieurs et à toutes les complications intérieures » (1). Ces mots creux, ces phrases toutes faites qui dissimulent mal le vide de la pensée, évoquent les épithètes dont Junius gratifiait l'orateur socialiste en août 1913 (2). Il le qualifiait de *minus habens sonore*, et tous ceux qui ont pu se rendre compte du rôle néfaste de cet homme dans la préparation de la Défense nationale souscriront à ce jugement.

---

(1) Reproduit dans la *Revue hebdomadaire*, 11 novembre 1913, p. 273.

(2) Billet de Junius (Paul Bourget ?), *Echo de Paris* du 18 août 1913.

La principale raison d'être de la nouvelle loi résidait dans notre faible natalité. Comment, avec des contingents décroissants, assurer à nos unités l'effectif indispensable sans diminuer le nombre de ces unités ou prolonger la durée du service? Or, diminuer le nombre de nos bataillons, de nos escadrons et de nos batteries au moment précis où l'Allemagne ne cessait d'augmenter celui des siens eût été la pire des folies. Il ne restait donc qu'à prolonger la durée du service actif. L'article 2 établit même la fixité des effectifs minima par unité, en spécifiant qu'ils ne pourraient être modifiés que par une loi spéciale, indépendante des lois annuelles de finances, trop souvent votées sans examen suffisant.

Toutefois des dispositions parasites, introduites au cours de la discussion, comme il arrive fréquemment, affaiblirent les résultats immédiats à obtenir de la nouvelle loi. On abandonna le principe de la deuxième portion, dont devaient faire partie, au bout d'un certain temps de service, les jeunes gens appartenant à des familles nombreuses. La totalité du contingent fut astreinte à un service de durée identique, ce qui enlevait à la loi toute élasticité et accroissait sans profit correspondant les charges du budget. La seule compensation, et elle était maigre, résidait dans l'égalité des charges militaires, ce dogme auquel on a fait tant de sacrifices chez nous et qui, malgré tout, a été si souvent outragé au cours de la présente guerre. En outre, on abaissait à vingt ans l'âge d'incorporation jusqu'alors fixé à vingt et un ans. On avait d'abord admis que la prolongation du service s'appliquerait aux deux classes sous les drapeaux, celles de 1910 et de 1911. L'appel du contingent à vingt ans avait pour conséquence l'incorporation simultanée des classes de 1912 et de 1913. Nous aurions donc eu quatre contingents sous les drapeaux, ce qui devait conduire à de complètes impossibilités. On préféra libérer la classe de 1910 au bout de quelques semaines et l'armée active ne comprit que trois classes (1911, 1912, 1913), dont deux de recrues. Pendant l'hiver de 1913-14, il fallut instruire ces deux contingents, avec des cadres inférieurs affaiblis par le renvoi de la classe 1910. Cette instruction exigea de grands efforts et donna de médiocres résultats dans certaines unités. Au mois d'août, la moitié au moins (1) de l'armée allemande, le tiers environ de l'armée française étaient depuis vingt et un mois sous les drapeaux. Il résulta de cet ensemble de circonstances, pour quelques-unes de nos troupes, une insuffisance tactique appréciable. Elle a été signalée parmi les causes de nos échecs en août (2), et M. Joseph Reinach insiste avec raison sur ces conséquences d'une loi improvisée (3).

III

Parmi les avantages résultant de la loi de 1913 figurait la diminution des effectifs à transporter lors de la mobilisation. Trois contingents étant déjà sous les drapeaux, il en résultait que le nombre des réservistes destinés à l'armée active était réduit d'une classe, c'est-à-dire d'un effectif très appréciable. En outre, les unités, atteignant un effectif de paix sensiblement plus élevé, étaient plus rapidement mises sur le pied de guerre. C'est ainsi que

---

(1) On sait qu'en Allemagne, dans certaines armes, la durée du service était supérieure à deux ans; en outre, les engagés de quatre ans étaient plus nombreux que chez nous.

(2) *Quatre mois de guerre*, 5 décembre 1914, note reproduite dans le *Bulletin des Armées* et abrégeant une autre note, celle-ci plus étendue et non livrée à la publicité.

(3) Toute cette discussion sur la loi de 1913 est résumée d'après l'ouvrage cité de M. J. Reinach, p. 45 et suiv.

la compagnie d'infanterie avait été portée de 90 à 140 hommes à l'intérieur et de 150 à 200 hommes pour les troupes de couverture. Il est d'ailleurs évident qu'une unité contenant sur 250 hommes une proportion de 140 ou 200 hommes de l'armée active, bien connus de leurs cadres et les connaissant bien, dûment entraînés, possède beaucoup plus de solidité intrinsèque que la même unité portée de 90 ou même de 150 hommes à 250 par l'incorporation brusque de 160 ou de 100 nouveaux venus. La trop grande proportion de réservistes est un danger évident au début des opérations et nous en eûmes la preuve au mois d'août. Certaines divisions de réserve laissèrent grandement à désirer comme consistance jusqu'à ce que se fût produit, sous l'influence de la vie commune et du commandement, cette sorte d'amalgame qui fait un tout homogène d'éléments juxtaposés. Les guerres balkaniques l'avaient déjà démontré : pour que des troupes comportant une très forte proportion ou une totalité de réservistes acquièrent une solidité suffisante, il faut qu'elles soient soumises à une période d'entraînement, de préférence dans un camp (1).

Dès le 26 juillet, le sentiment d'une crise aiguë s'était répandu en France et dans les pays voisins, accentuant le mouvement de rentrée de l'étranger, de la mer, de la montagne, habituel à la fin de chaque mois. Du 25 juillet au 1ᵉʳ août, 500.000 voyageurs revinrent à Paris ou le traversèrent; 200.000 étrangers quittèrent Paris.

---

(1) Nous étions arrivés à cette conclusion, en octobre 1912, dans un rapport établi à la suite d'une convocation du 293ᵉ, quand nous commandions la 142ᵉ brigade de réserve. De même, le général Maitrot écrivait dans *Nos frontières de l'Est et du Nord*, p. 49 : Les divisions de réserve sont, au début, « des unités sans cohésion qu'on peut employer, mais seulement en deuxième ligne ou encadrées fortement ».

Le 30 juillet, les officiers de complément de certaines formations furent appelés par télégrammes individuels. Jusqu'alors, du 25 au 30, une moyenne de 175.000 télégrammes passaient chaque jour au Central télégraphique de Paris, soit pour le service privé, soit pour le service officiel. Le 31 juillet, ce nombre fut porté à 212.000. On prévint les réservistes de l'armée territoriale, les R. A. T. comme on devait bientôt les nommer partout, destinés à la garde des voies de communication, c'est-à-dire les futurs G. V. C., d'être à leur poste le soir du 1er août. Le trafic privé fut suspendu à dater du 2 août, à 18 heures. Seuls, les voyageurs partis avant cette heure purent continuer leur route. L'horaire militaire fut substitué à l'autre le deuxième jour, c'est-à-dire le 3 août, à minuit 01 (1). Pendant vingt longs jours, les trains allaient circuler sur les lignes importantes à raison de 140 à 160 par vingt-quatre heures. Il ne se produisit aucun accident et les retards furent insignifiants, bien que les transports de mobilisation eussent lieu concurremment avec ceux de couverture jusqu'au 3 août, à midi. Les 3 et 4 août, le réseau de l'Est, seul, mit en mouvement, de ce fait, près de 600 trains (2).

Ces transports se firent dans les meilleures conditions, non sans gaieté. Parmi les réflexions que l'on entendait, il y en avait beaucoup d'amusantes, empreintes de ce libre esprit, volontiers frondeur et toujours primesautier, que l'on est accoutumé à voir fleurir en France. Quelques-unes avaient un sens profond. Un réserviste venant des Pyrénées traverse la vallée de la Loire : « Tout de même,

---

(1) Le 1er août, à 18 heures, sur les Chemins de fer de l'Est (*Débats* du 7 juin 1915, article cité).

(2) *Exposé de six mois de guerre*, p. 52. Cf. *Une guerre de chemins de fer, Les Lectures pour tous.* 1er avril 1915, p. 757 et suiv.

ça vaut la peine de se battre pour ce pays-là! » Et le reste
du compartiment de faire chorus. De ceux qui allaient
tomber sur les champs d'Alsace, de Lorraine, de Champagne ou de Picardie, combien avaient la même pensée,
sans pouvoir toujours l'exprimer aussi nettement?

IV

Le 29 juillet, le gouvernement belge avait décidé de
mettre l'armée sur le pied de paix renforcé, en rappelant
trois classes de milice. Ses effectifs atteindraient ainsi
des chiffres analogues à ceux « entretenus en permanence
dans les zones frontières des Puissances voisines » (1).
Cette mesure était inattaquable. En effet, l'armée belge,
comprenant en temps normal une seule classe de milice,
l'infanterie d'une brigade mixte ne comptait que 1.500
hommes, soit environ 60 hommes par compagnie (2).
Dès le 31 juillet, à 19 heures, la mobilisation partielle
était suivie de la mobilisation générale. Elle aurait dû
porter l'armée belge à 350.000 hommes, dont 175.000
destinés à l'armée de campagne. Mais ce résultat, dû à la
loi de 1913, ne pouvait être atteint qu'en 1918. A ce moment, six classes de milice entreraient dans la composition normale des troupes de campagne, le reste étant
affecté aux troupes de forteresse et aux dépôts, etc.

En attendant, le gouvernement jugeait nécessaires des

---

(1) *Livre gris belge*, n° 8, M. Davignon aux principaux chefs de
mission, 29 juillet.

(2) *La campagne de l'armée belge (31 juillet 1914-1er janvier 1915)*,
d'après les documents officiels, p. 11; *La guerre de 1914. L'action de
l'armée belge pour la défense du pays et le respect de sa neutralité*,
p. 1 et 2.

mesures provisoires permettant de mobiliser l'armée à toute époque de sa période de transformation. Dès le 15 décembre 1913, les troupes de campagne furent constituées sur le pied de paix comme elles devaient l'être suivant les conceptions nouvelles. Les effectifs de guerre étaient évidemment incomplets, aussi bien que le matériel, mais on n'en pouvait pas moins mobiliser en quelques jours 110.000 hommes d'armée de campagne avec sept classes de milice au lieu de six. Malgré l'adjonction d'une classe, le déficit était encore supérieur à 60.000 hommes, soit plus du tiers de l'effectif espéré en 1918 (1).

En dépit des circonstances, la mobilisation belge s'accomplit dans des conditions de rapidité très satisfaisantes.

L'attaché militaire allemand à Bruxelles en félicitait même, le 1er août, la veille de la remise de l'ultimatum, le chef du cabinet du ministre de la Guerre (2). Etait-ce ignorance de la situation réelle, de la part d'un comparse? Etait-ce plutôt fourberie native? Tout donne à croire que la dernière supposition est la vraie.

En Angleterre, la mobilisation de la flotte, déjà rassemblée pour les manœuvres, n'avait donné lieu à aucun retard. Il n'en fut pas de même pour l'armée, dont l'envoi sur le continent fut retardé par de fâcheuses hésitations, dont le contre-coup devait être très nuisible à l'intérêt commun. Le rejet de l'ultimatum anglais par l'Allemagne aurait dû automatiquement déclencher la mobilisa-

---

(1) Suivant une interview du premier ministre belge (*Lectures pour tous*, 12 décembre 1914), l'effectif total n'aurait jamais dépassé 180.000 hommes, au lieu de 350.000.

(2) Commandant de Gerlache, *La Belgique et les Belges pendant la guerre*, p. 17. Voir dans cet ouvrage, p. 17 et suiv., les autres preuves de fourberie données par les Allemands en Belgique, à la même époque.

tion dès le soir du 4 août (1). Mais, à cette date, le cabinet britannique n'avait pas encore arrêté ses décisions, quant à la nature de sa coopération. M. Paul Cambon s'efforçait encore d'obtenir une prompte résolution au sujet de l'envoi sur le continent du corps expéditionnaire anglais. On calculait qu'il faudrait à ce dernier de douze à quinze jours pour qu'il fût à même de prendre part aux opérations, ce qui reportait déjà son intervention au 17 ou au 20 août, à supposer que les ordres fussent donnés le jour même.

Dans un entretien qu'il avait eu le 4 août avec sir E. Grey, M. Paul Cambon lui faisait remarquer que, la neutralité belge étant violée, la guerre était inévitable entre l'Angleterre et l'Allemagne. Mais comment attaquer la flotte allemande, si elle restait dans la Baltique ou à l'abri de ses ports? Il fallait donc transporter immédiatement le corps expéditionnaire sur le continent.

A ce raisonnement, sir E. Grey n'objectait rien (2), sans doute parce qu'il ne se croyait pas encore assuré d'être suivi par l'ensemble du cabinet et par le Parlement.

Le 6 août avait lieu une importante séance des Communes. Le premier ministre, M. Asquith, analysait les événements survenus depuis l'ultimatum à la Serbie et flétrissait les propositions louches faites à la Grande-Bre-

---

(1) Le gouvernement n'ayant reçu aucune réponse de Berlin et ayant appris que l'ambassadeur d'Angleterre en Allemagne avait reçu ses passeports, prévint ses escadres que la guerre commencerait le soir même, à 23 heures (4 août). D'après la presse française, *La London Gazette* du 5 août publiait la mobilisation de l'armée et la nomination de l'amiral sir John Jellicoe au commandement en chef de la flotte. Notre ambassadeur à Londres aurait télégraphié le 6 août seulement que la mobilisation de toutes les forces métropolitaines venait d'être ordonnée (Gaston Jollivet, p. 41).

(2) *2° Livre gris belge*, le ministre à Londres à M. Davignon, 5 août, n° 26.

tagne pour obtenir sa neutralité. Il concluait ainsi : « Nous allons faire la guerre, d'abord pour remplir nos obligations internationales, ensuite pour défendre les nations faibles. Le pays comprendra que notre cause est juste et je demande à la Chambre de voter un crédit de 100 millions de livres et de porter l'armée à 500.000 hommes ».

La Chambre vota séance tenante les crédits et les hommes.

L'opinion publique s'était enfin émue et ce revirement s'était produit d'une façon foudroyante. Elle se rendit compte qu'un petit peuple donnait au monde entier un exemple d'honneur et de probité, sans regarder aux conséquences. On apprenait que les Allemands avaient franchi la frontière, qu'ils rencontraient une vive résistance, les Belges osant tenir tête au colosse allemand. Le discours du roi Albert aux Chambres survenant, l'Anglais le plus pacifique avait compris la gravité de la situation et fait son examen de conscience. L'Angleterre pouvait-elle abandonner une nation donnant un tel exemple de fidélité à la parole donnée? Puis survinrent les premiers récits des atrocités allemandes et de la défense de Liége. Ils portèrent le coup décisif. Toute l'Angleterre voulut la guerre, ne se contentant plus de donner aux alliés l'appui naval que conseillait d'abord le Cabinet. Elle réclama l'envoi sur le continent du corps expéditionnaire. Le gouvernement britannique attendait cet ordre du peuple ; il obéit. Deux des ministres persistaient à différer d'avis avec leurs collègues. Ils donnèrent leur démission et furent aussitôt remplacés. Lord Kitchener devint ministre de la Guerre et la mobilisation fut décrétée. On comptait alors que les premiers transports de vivres et de matériel partiraient pour la France le 9 août; les troupes seraient ensuite embarquées et, vers le 15, cent mille hommes

seraient réunis sur la côte française, en quatre points (1).
Mais déjà on pouvait prévoir que l'intervention des troupes britanniques ne se produirait pas avant le 18 ou le
21 août, même s'il ne survenait aucun empêchement.
Nous verrons quelles en furent les conséquences pour l'ensemble des opérations. Il est permis de croire que, si le
projet de tunnel sous la Manche n'avait pas rencontré,
depuis de longues années, une opposition aussi obstinée
en Angleterre, l'envoi des troupes sur le continent eût été
plus facile, plus prompt et beaucoup plus sûr.

V .

Le 31 juillet, le gouvernement allemand décrétait l'*état
de danger de guerre menaçant* (*Zustand der drohenden
Kriegsgefahr*). C'était, en réalité, une mobilisation anti-
cipée, car toutes les frontières de l'empire étaient désormais fermées, celle de l'Autriche exceptée; en outre, les
pouvoirs de police passaient à l'autorité militaire, libre
ainsi de continuer ses préparatifs sans qu'ils pussent être
divulgués au dehors (2).

La presse allemande devenait de plus en plus violente,
soulignant ainsi la portée des préparatifs militaires. La
National Zeitung, organe pangermaniste de Berlin, écrivait (31 juillet) :

---

(1) 2° *Livre gris belge*, n° 29, le ministre à Londres à M. Davignon,
7 août 1914. D'après le bulletin français du *8 août*, 11 h. 30, 20.000
Anglais auraient déjà débarqué à *Ostende, Calais et Dunkerque*. Il est
certain des troupes débarquèrent également à Rouen, au Havre et à
Boulogne.

(2) Cf. *Revue hebdomadaire*, 18 décembre 1915, p. 349, *Choses vues
à Metz pendant la guerre*. Le *Kriegsgefahr* fut afffiché à Metz le 31 à
14 h. 10.

« Quoi qu'il soit réservé par la Providence à l'Allemagne, c'est sur la France qu'elle se rabattra pour se dédommager, mais dans une autre mesure qu'il y a quarante-quatre ans. Ce ne sera plus cinq milliards (1) qu'il lui faudra payer pour se racheter, mais peut-être trente.

« La sainte mère de Dieu de Lourdes aura beaucoup à faire si elle, la miraculeuse, doit guérir tous les os que nos soldats casseront aux pauvres gens de l'autre côté des Vosges. Pauvre France! Il est encore temps pour elle de changer d'avis, mais dans quelques heures il sera trop tard. Alors la France sentira les coups reçus, pendant plusieurs générations. Mais tu l'as voulu, Georges Dandin! » (2).

Il convient d'ajouter que la folie guerrière n'envahit pas toute l'Allemagne. Certaines villes, des régions même font exception. Un témoin est à Leipzig, le 31 juillet, à l'exposition du Livre, quand, vers 17 heures, on annonce le danger de guerre. L'effet est immense, mais il n'y a pas un cri. Toute la soirée, des suppléments de journaux se succèdent. On les distribue gratuitement, par paquets, aux coins des rues, dans les restaurants, les cafés. Vers 23 heures, la feuille officielle donne le texte des paroles prononcées à Berlin par l'empereur, du haut de son balcon. Quelques réflexions plaisantes ou ironiques, mais pas un *hoch !* pas un *hurrah !* On s'attroupe autour d'une proclamation du général von Laffert, commandant le

---

(1) Notons que, dès 1873, le communard Protot signalait dans une brochure, *Le grand état-major allemand et la démocratie allemande*, la fureur des démocrates allemands trouvant insuffisante notre rançon de cinq milliards. Il voyait déjà dans les socialistes allemands le plus fort point d'appui du militarisme. Cf. *Le Phare de la Loire* du 26 mars 1917, *Un témoignage d'autrefois*, par Paul Cazaubon.

(2) *Pages d'histoire*, 1914. *En mobilisation*, p. 9.

XIX⁰ corps. A minuit, les grandes rues elles-mêmes sont désertes, il n'y a guère de mouvement qu'autour des gares.

Le 1ᵉʳ août, la ville est encore parfaitement calme. A la gare centrale, c'est le mouvement ordinaire. Les embarquements de troupes ont lieu aux gares de l'Est et de l'Ouest. Les trains partent aux heures normales. Quelques vétérans des *Kriegervereine*, en redingote et chapeau haut de forme, attendent sur les quais l'arrivée des réservistes. Pas un soldat dans la gare.

Dès que le train, parti à 12 heures, arrive en Bavière, la voie est gardée par des volontaires portant un brassard aux couleurs du royaume, bleu et blanc; ils sont armés d'un fusil d'ancien modèle, avec sa baïonnette. La plupart sont des vieillards. Continuellement, on croise des trains interminables remontant vers Leipzig.

A Nuremberg, la gare était vide; aucune agitation. On annonce l'assassinat de Jaurès (16 h. 30).

A Augsbourg (18 heures), un seul train stationne en gare, où une douzaine d'hommes achèvent de mettre en wagons des chevaux de réquisition. Ils chantent à deux voix des hymnes patriotiques ressemblant à des cantiques. A Munich (22 heures), la gare est au contraire remplie de rumeurs et la foule agitée à l'entrée des quais. La mobilisation est annoncée par de grandes affiches blanches : « S. M. l'Empereur a ordonné la mobilisation de toutes les forces allemandes de combat » (1).

La ville est tumultueuse. Pas une table libre dans les

____

(1) Le texte exact est celui-ci, reproduit d'après le *Reichsanzeiger* : « J'ordonne que l'armée allemande et la marine impériale soient mises sur le pied de guerre en vertu du plan de mobilisation de l'armée allemande et de la marine impériale.

« Le premier jour de la mobilisation est le 2 août 1914. »

restaurants, les brasseries. Les hommes hurlent; beaucoup sont ivres; les femmes regardent sans mot dire; des servantes pleurent en apportant la bière ou les *delikatessen*. Partout des orchestres improvisés font alterner la *Veuve joyeuse* ou le *Baron tzigane* avec des chants patriotiques que l'assistance reprend en chœur. Vers 23 heures, un immense cortège descend la Maximilianstrasse vers le Palais royal, où il va sans doute acclamer le régent. Le vacarme se prolonge fort avant dans la nuit.

Le matin du 2 août, Munich a repris son aspect ordinaire. Tous les magasins sont fermés, comme d'habitude le dimanche, sauf ceux d'alimentation. Les habitants ont fait de telles provisions que, déjà, on ne trouve plus ni sucre, ni thé, ni café. Les agences donnent comme certaine une singulière nouvelle : l'alliance du Japon et de l'Autriche-Hongrie! La gare centrale est prise d'assaut par voyageurs et touristes aspirant à sortir d'Allemagne. On part néanmoins à l'heure dite, sans difficulté (1).

En somme, l'ordre de mobilisation ne fait que régulariser une situation déjà existante, en la complétant. Le 2 août, le *Temps* assure que six classes de réservistes ont été convoquées par appels individuels, procédé qui assure le secret autant qu'il est possible. Les transports de concentration ont même commencé. Ils sont achevés ou près de l'être, non seulement pour les corps d'armée de couverture, mais encore pour les VII° (Münster), XI° (Cassel), XVIII° (Francfort). On prétend que 3oo.ooo hommes seraient concentrés à l'est de Thionville et de Metz (2).

A mesure que les forces allemandes s'étalent plus largement, l'arrogance de ce peuple de parvenus s'accroît

---

(1) *Journal des Débats* du 18 août 1914. *A travers l'Allemagne mobilisée.*

(2) *En mobilisation*, p. 12-13.

également. Nous avons dit ailleurs (1) comment avaient été traités nos représentants diplomatiques au sortir de l'Allemagne. Pour les Français isolés, ne bénéficiant pas d'immunités particulières, la situation est beaucoup plus pénible encore. Trop souvent nos compatriotes sont indignement maltraités, aussi bien que les Russes ou, à un moindre degré, les Anglais. La propre tante de Guillaume le Pacifique, l'impératrice Marie-Feodorovna, rentrant en Russie, est arrêtée à Berlin et conduite à la frontière danoise avec un minimum d'égards (3 août) (2).

Le 4 août, l'empereur allemand lance un manifeste qui n'est qu'un impudent outrage à la vérité. Il ose y faire appel à la protection de « Dieu le père », de la même main dont il va signer tant d'ordres criminels. Rien de plus répugnant :

« Je suis forcé de tirer l'épée pour repousser une attaque complètement injustifiée et, avec toute la force dont dispose l'Allemagne, de faire la guerre pour la défense de l'empire et de notre existence nationale.

« J'ai fait tous mes efforts depuis le commencement de mon règne pour préserver la nation allemande de la guerre et pour conserver la paix.

« Même dans le cas actuel, j'ai jugé que c'était pour moi un devoir de conscience de faire tout ce qui était possible pour éviter la guerre; mais mes efforts ont été vains. J'ai la conscience pure, et je suis convaincu de la justice de notre cause. De durs sacrifices d'hommes et d'argent seront demandés à la nation allemande pour la défense de la patrie que nous impose le défi de l'ennemi.

---

(1) *La grande guerre sur le front occidental. Les éléments du conflit*, p. 198.

(2) Cf. *Illustration* du 8 août 1914, p. 107.

mais je sais que mon peuple me soutiendra loyalement, unanimement, résolument, comme dans les jours sombres il a soutenu mon grand-père, qui, maintenant, repose en Dieu.

« Ayant appris dès ma jeunesse à mettre ma confiance en Dieu le père, je crois nécessaire en ces jours solennels de m'incliner devant lui et d'implorer sa grâce. Je fais appel à mon peuple pour s'unir à moi dans une commune prière, observer la journée du 5 août comme jour extraordinaire de prières générales et se réunir dans toutes les églises de l'empire pour invoquer Dieu pour qu'il soit avec nous et bénisse nos armes.

« Après le service divin, chacun pourra retourner à ses occupations. »

Ce morceau, qui débute sur un ton grandiloquent pour continuer en homélie, finit le plus platement du monde, comme la chanson de Malbrouck. Il montre que les prétentions d'orateur, tant de fois manifestées par Guillaume II, sont singulièrement exagérées (1).

Le même jour, à 13 heures, le Reichstag tient une session extraordinaire dans la salle Blanche du palais royal, à Berlin. L'empereur y fait son entrée en grand uniforme, et lit un discours fréquemment interrompu par les acclamations enthousiastes de l'assemblée. Le thème est celui de sa proclamation. C'est ainsi qu'il déclare : « Mon noble allié, l'empereur et roi François-Joseph, fut forcé de recourir aux armes pour assurer la sécurité de son royaume contre les menées dangereuses d'un Etat voisin. L'empire russe s'est alors mis en travers de la monarchie alliée qui poursuivait la revendication de ses intérêts les plus fon-

---

(1) Lire, au sujet de ce manifeste, les appréciations de M. Clémenceau dans l'*Homme libre* du 4 août.

dés ». Est-il possible d'imaginer une altération plus évidente de la vérité?

A son discours écrit, que terminait l'invocation habituelle au Tout-Puissant, Guillaume II joignait une courte allocution : « ...Je ne connais plus de partis, je ne connais que des Allemands. Et pour me montrer que vous êtes fermement résolus, sans distinction de partis, de rang ou de religion, à me soutenir à travers tous les obstacles, dans le malheur comme dans la mort, j'invite les chefs des partis à s'avancer et à me jurer solennellement dans la main (*sic*) ».

Seuls, les démocrates socialistes manquent à cette cérémonie; les chefs des partis conservateur, conservateur libre, national libéral, centre catholique et progressiste s'avancent et l'empereur leur serre la main.

Après le départ du souverain, le chancelier von Bethmann-Hollweg prononce, au milieu d'applaudissements répétés, unanimes, l'inoubliable déclaration dans laquelle il essaie d'expliquer l'invasion de la Belgique (1). A ce moment, en Allemagne, personne ne cherche même l'ombre d'un prétexte à cette agression. On croit à une victoire prompte et facile qui justifiera tout.

Peu à peu, sous l'influence de ces excitations, de celles de la presse, le tempérament moutonnier de l'Allemand aidant, l'unité de sentiment se fait dans la nation. Elle est ivre de sa force, de ses conquêtes futures, des profits colossaux qu'elle escompte pour le jour prochain de la paix. Qu'importe si des centaines de mille hommes vont engraisser de leurs cadavres les plaines de Belgique et de France ou passer par le *Kadaververwertungsanstalt* (2),

---

(1) *La grande guerré sur le front occidental. Les éléments du conflit*, p. 197.

(2) En avril 1917, un correspondant du *Lokal Anzeiger*, feuille

pourvu que l'Allemagne réalise son rêve d'hégémonie universelle!

· Une correspondance publiée vers cette époque (16 août) dans un journal danois (1), d'ailleurs germanophile, donne un aperçu de ce qu'est alors devenu le pays de Leibnitz, de Gœthe et de Schiller. Sans doute, le journaliste embellit le tableau à sa manière, mais il n'est pas impossible de démêler la vérité dans ses exagérations louangeuses :

L'unanimité est faite en Allemagne. La nation entière frémit d'une fièvre de patriotisme. Ce chœur de cinquante-deux millions de voix (*sic*) redit du matin au soir, dans une tempête d'exaltation,

> « L'Allemagne, l'Allemagne au-dessus de tout,
> Au-dessus de tout au monde!
> Tant que, pour la défense et l'attaque,
> Fraternellement elle restera unie.
> De la Meuse au Niémen,
> De l'Adige au Belt,
> L'Allemagne, l'Allemagne au-dessus de tout,
> Au-dessus de tout au monde! »

« C'est l'Autriche, sans doute, qui, par un coup de tête, a voulu humilier la Serbie. Mais c'est l'Allemagne qui a voulu la guerre. Par son activité, par son ardeur, par ses vertus civiques, la nation a, depuis 1870, amassé

---

officieuse de Berlin, Karl Rosner, confirmait *de visu* l'existence à Evergnicourt, au nord-est de Reims, d'un établissement où des chimistes militarisés traitaient les cadavres afin d'en extraire de la stéarine, des huiles et finalement une poudre destinée à la nourriture des porcs et aux engrais. Un autre de ces établissements existerait entre Saint-Wüth et Gerolstein. Cf. *Journal des Débats* du 19 avril 1917.

(1) Le *Politiken*, organe du parti radical et, par suite, du gouvernement danois actuel.

une telle abondance de force qu'elle a fini par en être
gênée comme d'un fardeau. Les muscles se gonflaient,
le Cyclope n'y tenait plus : il frappe.... »

Le journaliste reproduit ensuite une page de Maximi-
lien Harden, tirée du dernier numéro de la *Zukunft*. Elle
est dans le même goût et se termine ainsi : « Cecil Rhodes,
un grand homme... l'a rugi à la face ratatinée des
pédants : « Cette guerre est juste, parce qu'elle sert à
mon peuple, parce qu'elle accroît la puissance de mon
pays ». Enfonçons cette maxime à coups de marteau dans
tous les cœurs. Elle l'emporte sur des centaines de *Livres
blancs*. Affichons-là sur tous les murs.... Ecrivons au-
dessous : « Les hordes (?) nous en veulent à mort. Un
bâtard (1) se rengorge dans la folle illusion qu'il pourra
écraser le petit-fils du grand vainqueur. Sabre au clair\...
Tuons-le! L'histoire ne nous demandera pas nos raisons. »

« C'est ainsi, ajoute le correspondant, que parle, en ce
moment, toute l'Allemagne. Dans tous les cœurs se
déchaîne un sentiment, longtemps contenu, de confiance
en soi, d'admiration pour l'armée, de dévouement à l'empereur et à l'empire. L'enthousiasme patriotique déborde
et roule comme un raz de marée sur les villes et les campagnes, irrésistible, soulevant et entraînant tout et tous
sur ses vagues. L'esprit encore plein des récits de la
« grande époque » de l'Allemagne, alors qu'en 1814 elle
se dressa dans toute sa force pour écraser Napoléon, voilà
de nouveau la nation debout pour fêter le centenaire, en
imitant les glorieux exploits des ancêtres. Des heures durant et des heures encore, les mobilisés défilent en chan-
tant par les rues de Berlin. Train sur train roule vers la

---

(1) Le Français, Gaulois mâtiné de Romain et de Germain. Harden
oublie que l'Allemand est un Germain mâtiné de Slave, de Celte, sans
parler du reste !

frontière, paré, comme pour une fête, de fleurs et de drapeaux.... Jusqu'ici il est accouru sous les drapeaux un million huit cent-mille volontaires (1), et l'état-major, ne sachant qu'en faire, refuse désormais tout engagement. Renouvelée de 1814, revit la belle coutume des mariages impromptus la veille du départ pour l'armée : les bras de la mariée, dans la nuit de la mobilisation, s'ouvrent pour la première et la dernière étreinte.... A Berlin, un septuagénaire dit adieu à son fils, qui se rend sur le front, et il tombe mort sur-le-champ, étouffé par l'émotion. Une jeune fille, à Charlottenburg, voyant partir celui qu'elle aime, s'engage comme infirmière pour le suivre. Comme on ne l'accepte pas tout de suite, elle saute par la fenêtre et s'écrase sur le pavé, en criant : « Vive l'armée!... »

Cette folie guerrière n'exclut pas les larmes, mais elles se dissimulent. « Cris de victoire et musique militaire couvrent tous les autres bruits. »

La confiance des troupes était entière quand elles sont parties pour le front russe ou pour la frontière franco-belge. « Mais le soir où l'on apprit que l'ambassadeur d'Angleterre avait remis au chancelier une déclaration de guerre, on accueillit cette nouvelle comme une première défaite. Après des mois d'efforts diplomatiques, c'était là une bataille politique perdue. Les Berlinois furent saisis d'une rage impuissante et, cette nuit-là, les mauvais esprits de la haine se déchaînèrent à travers les rues de la ville. Je venais d'y arriver... et je descendais en voiture la Wilhelmstrasse... Devant l'hôtel de l'ambassade

---

(1) La plupart de ces volontaires étaient sans doute des classes 1915, 1916, 1917, ce qui réduisait d'autant l'effectif disponible. Chez nous, les engagements furent également suspendus un certain temps pour ne pas trop compliquer le service des dépôts.

d'Angleterre, nous nous trouvâmes bloqués par les remous
noirâtres, menaçants et mugissants d'une foule en lutte
avec la police à cheval.... Collisions de hurlements et de
cris, de pierres lancées et de sabres au clair, de poings
fermés et de revolvers. Les Berlinois, d'ordinaire si posés,
brisaient les vitres du palais à coups de pierres enveloppées dans les éditions spéciales qui annonçaient la déclaration de guerre : « Attrape, salop d'Anglais!... » Peu
après, quand l'ambassadeur se rendit à la gare avec son
personnel, ce fut sous une pluie de coups de canne (1).
La fureur déferlait en flammes, et notre pauvre fiacre
dut rester une demi-heure aux portes de cet enfer...
Lorsque, enfin, le tympan paralysé, nous arrivâmes à
notre hôtel, la populace était en train de le prendre d'assaut : la police se vit forcée d'arrêter le correspondant
du *Daily-Mail* (qui plus que personne avait travaillé dans
son journal au maintien de la paix), pour l'empêcher
d'être pendu « à la lanterne ».

« La rage contre l'Angleterre avait déchaîné avec soi la
haine des étrangers; les jours suivants, il ne fallait pas
parler avec accent dans les rues. Le café « Princess »...
a été saccagé de fond en comble... simplement parce
qu'un orchestre de tziganes y jouait.... Quiconque parle
anglais porte à la boutonnière, par mesure de précaution,
un petit drapeau américain. Les boutiques et les ateliers
de caractère douteux exposent à leur devanture un buste
de l'empereur et affichent sur de grandes pancartes :
« Tout le personnel est allemand... » (2).

---

(1) Cf. *Libre bleu anglais* n° 78, sir E. Goschen à sir E. Grey, 8 août
1914.
(2) *Politiken* du 16 août, correspondance d'Anker Kirkeby, traduction Paul Verrier. *Revue hebdomadaire*, 17 octobre 1914. Cf. Paul
Verrier, *La folie allemande*, p. 12 et suiv.

CHAPITRE III

LA FRONTIÈRE FRANCO-ALLEMANDE

Les grandes lignes de la frontière. — Son organisation défensive. —
Les places de seconde ligne. — La trouée de l'Oise.

I

De Belfort à Longwy, la frontière française se divise
en trois parties tout à fait distinctes, de par leur aspect
et leur constitution physique : du Ballon d'Alsace au
Donon, les Vosges; du Donon à Nancy, une zone de collines; de Nancy à Longwy, la plaine de la Woëvre (1).

La première est un pays difficile, où une troupe de
faible effectif peut arrêter une grosse colonne. Nos troupes de couverture provenant des garnisons de Baccarat,
de Saint-Dié, de Rambervillers, d'Epinal, de Remiremont,
de Gérardmer s'y défendraient d'autant plus aisément que
l'ennemi aurait ensuite devant lui la place d'Epinal et
les forts de la Haute-Moselle, dont nous parlerons plus
loin. Dans la partie de l'Alsace-Lorraine qui fait face à
cette zone, les garnisons sont relativement peu nombreuses et ne donnent pas l'impression d'avoir été groupées en vue d'une attaque brusquée.

Du Donon à Nancy, le pays, très coupé, est d'une
défense facile. Les cours d'eau, Meurthe, Mortagne, Moselle, Madon barrent les routes d'invasion et constituent

---

(1) Cf. Général Maitrot, *Nos frontières de l'Est et du Nord*, p. 123
et suiv.

une série de lignes de résistance. Nos garnisons de Saint-Nicolas-du-Port, Lunéville, Baccarat, Rambervillers peuvent y trouver des points d'appui permettant une résistance prolongée. Une attaque allemande aurait sur son flanc droit et à courte distance tout le 20ᵉ corps groupé sur la position constituée par Nancy, Toul, Pont-Saint-Vincent et les ouvrages de la forêt de Haye. En outre, le fort de Manonviller, jeté en avant de Lunéville et battant la vallée du Sanon ainsi que la route de Saverne, rendrait une offensive encore plus difficile (1).

Dans la Woëvre, il en serait autrement. Géographiquement, on désigne sous ce nom la plaine comprise entre l'Orne, le pied des Hauts-de-Meuse et la Moselle. Par extension, on nomme ainsi d'ordinaire toute la région délimitée par la frontière belge, le cours de la Meuse jusqu'à Saint-Mihiel, celui de la Moselle de Toul à Pagny et la frontière allemande.

C'est, en thèse générale, un pays de grande culture, très peuplé, très riche en bestiaux. Le sol argileux est impraticable en dehors des routes, pendant toute la mauvaise saison ou simplement à la suite de pluies persistantes. Les cours d'eau secondaires, Rupt-de-Mad, Longeau, Yron, Orne, Othain, Loison, promènent leurs sinuosités dans un terrain plat, où leurs rives deviennent aisément marécageuses. Des étangs, des forêts humides rendent encore le parcours plus difficile. « Qui est maître des routes est maître de la Woëvre » (2). Quand on fait un tour d'horizon du point culminant des Hauts-de-Meuse, la pointe d'Hattonchâtel, qui s'avance comme un cap dans cette vaste plaine, on aperçoit d'innombrables villages

---

(1) Général Maitrot, *loc. cit.*, p. 128.
(2) Général Maitrot, p. 124.

aux clochers trapus; des forêts faisant des taches de sombre verdure; des étangs miroitant au soleil. Au fond, les collines boisées qui encerclent Metz et les champs célèbres qui s'étendent à leurs pieds, de Mars-la-Tour à Saint-Privat, ceux même où succomba glorieusement, quarante-quatre ans auparavant, la vieille armée française.

La partie nord de la Woëvre, sur la rive gauche de l'Orne, vers Conflans, Briey, Audun-le-Roman, présente un autre genre d'intérêt. C'est là qu'ont été découverts, à la fin du XIXe siècle, des gisements de fer oolithique, la *minette* lorraine, d'une richesse inépuisable. Les Allemands s'y sont jetés en masse et nous les avons laissé faire avec notre légèreté et notre insouciance habituelles. Les puits de mines, les cheminées d'usines y abondent. C'est certainement la partie des frontières franco-allemandes qui attire le plus l'attention de l'Allemagne.

Les Hauts-de-Meuse surgissent de la plaine comme un mur et l'isolent ainsi de la vallée de ce cours d'eau. Pour un observateur venant de l'Est, ils présentent l'aspect d'une longue falaise boisée, haute de 80 à 100 mètres en moyenne et coupée de défilés profonds, où se glissent les routes conduisant au fleuve. Ils s'étendent sur cent kilomètres environ, de Commercy à Dun, puis s'abaissent brusquement pour se relever, avec moins d'élévation, de Stenay à l'embouchure de la Chiers. Cette dépression, ou plutôt cette trouée de Dun, Stenay, comme on la nomme généralement, sert au passage de toutes les routes venant de Metz, Thionville vers la partie nord dé l'Argonne, c'est-à-dire vers les défilés célèbres de Grandpré, de la Croix-aux-Bois et du Chêne-Populeux.

La largeur des Hauts-de-Meuse varie de 2 km. 500 à hauteur de Commercy jusqu'à 15 kilomètres à Hatton-châtel. Devant Saint-Mihiel, elle n'est que de 8 kilomètres; à l'est de Verdun, elle en mesure neuf (1). Cette particularité a influé sur l'emplacement et l'orientation des cinq forts qui jalonnent l'intervalle entre Verdun et Toul, comme nous le verrons plus loin. Ils ont leur gorge tournée vers la Woëvre, c'est-à-dire vers l'Allemagne; ils font face à la Meuse, autrement dit à l'intérieur de la France. Seuls les deux forts du sud, Liouville et Gironville, voient à la fois les abords de la Meuse et la Woëvre, qu'ils commandent de 80 mètres. Les trois autres ne battent que la Meuse.

C'est qu'au moment où le général Séré de Rivière construisit nos places et nos forts de l'Est, la concentration française s'effectuait fort en arrière, sur la ligne Chaumont, Neufchâteau, Gondrecourt, Bar-le-Duc, Révigny, Sainte-Menehould, ligne qu'indiquent encore d'anciens quais de débarquement (2). Pour couvrir ce front, on comptait utiliser la Meuse, dont tous les ponts, battus par les forts, seraient infranchissables à l'ennemi. Cette singulière conception a disparu depuis longtemps, mais l'orientation des forts a subsisté et elle ne s'explique plus.

A la veille de la guerre, ce n'était pas la Meuse dont il fallait interdire le passage, c'étaient les Hauts-de-Meuse. Il eût donc fallu déplacer les forts ou en construire d'autres, face à la Woëvre et commandant la crête orientale des collines. Des considérations financières s'y opposèrent sans doute. Mais le fait brutal est qu'un technicien pouvait écrire, en 1911-1913, sans craindre aucune contra-

---

(1) Général Maitrot, p. 125.

(2) Général Maitrot, p. 126. Le général rappelle un incident qui fit quelque bruit avant la guerre. La quai d'Andelot (Haute-Marne) avait été mis à la disposition d'une société badoise qui exploitait à blanc les forêts de la région et ne se faisait certainement pas faute de recueillir des renseignements intéressants pour nos futurs adversaires.

diction : « *La conclusion, c'est qu'aujourd'hui, sauf dans sa partie sud, la Woëvre n'est pas défendue et qu'elle devrait l'être* » (1).

De plus, sur les cinq forts de la Meuse, un seul, celui de Liouville, avait été mis à hauteur des progrès récents. Les autres n'avaient pas été améliorés.

La Woëvre est dépourvue de toute garnison du côté français. Les plus voisines sont celles de la Meuse, entre Commercy et Mézières, celles de Toul et de Nancy au sud, de Longwy et de Montmédy au nord. De Verdun à la Chiers il n'y a aucune défense. La trouée de Dun, Stenay est entièrement libre et permettrait de tourner l'Argonne par le nord, pour déboucher ensuite sur Reims et la vallée de l'Aisne ou sur celle de la Marne.

Du côté allemand, au contraire, les XVI° et XXI° corps sont massés côte à côte, prêts à foncer dans l'ouverture ainsi laissée libre (2).

II

Le système de places et de forts d'arrêt, construit par le général Séré de Rivière, après nos désastres de 1870 et la perte de l'Alsace-Lorraine, comprenait quatre grandes places : Belfort, Epinal, Toul, Verdun, et un certain nombre d'ouvrages formant barrages dans les intervalles. Entre Belfort et Epinal, c'étaient les forts de la Haute Moselle : Giromagny, le Ballon de Servance, Château-Lambert, Rupt, Remiremont et Arches. Entre Toul et Verdun, les forts de la Meuse : Gironville, Liouville, le Camp-des-Romains, les Paroches, Troyon.

---

(1) Général Maitrot, p. 127.
(2) Général Maitrot, p. 127.

Dans cet ensemble défensif, deux trouées avaient été ménagées, avec intention : celle de Dun, Stenay, dont nous avons déjà parlé, et celle de Charmes, entre Toul et Epinal. On comptait canaliser ainsi l'offensive allemande et ce résultat parut assuré jusqu'à ce que l'emploi des projectiles explosifs et de l'artillerie lourde de campagne eût rendu plus facile une attaque brusquée.

Des deux trouées que nous venons de citer, celle de Charmes était de beaucoup la plus importante. Elle eût permis de pénétrer dans la partie supérieure du bassin de la Marne. Une victoire vers Neufchâteau aurait rendu les Allemands maîtres de ce bassin et même de celui de la Seine, ainsi que des routes les plus courtes conduisant de Lorraine vers Paris, par Troyes, Saint-Dizier ou Bar-le-Duc. Le pays à traverser était riche et de parcours facile. C'est la région où, en 1870, opéra d'abord le Prince royal, avant de remonter vers Sedan à la poursuite de Mac-Mahon.

La trouée de Dun, Stenay présentait moins d'avantages à un envahisseur. Elle débouche sur la partie nord de l'Argonne, dans un pays difficile, puis conduit en Champagne pouilleuse, c'est-à-dire dans une région pauvre et sans eau. On pouvait donc croire que l'attaque principale des Allemands se produirait par la trouée de Charmes et qu'il n'y aurait qu'une attaque secondaire pour utiliser la trouée de Dun, Stenay. Le tracé des quais d'Alsace-Lorraine confirmait cette hypothèse. Mais elle conduisit à développer très sensiblement nos ouvrages fortifiés de l'Est, au point de rendre difficile une offensive dans cette région (1).

---

(1) Général Maitrot, p. 35. Cf. général Bernhardi, *La guerre d'aujourd'hui*, II, p. 337.

D'après le projet initial, Verdun devait comprendre un corps de place et une ceinture de forts situés à 5 ou 6 kilomètres de l'enceinte. L'ensemble avait un développement total de 32 kilomètres et nécessitait une garnison de 25.000 hommes. On reconnut ensuite que ces ouvrages détachés ne battaient pas convenablement tout le terrain d'approche. On fut conduit à occuper des points dangereux, c'est-à-dire à élargir la place. Elle atteignit un développement de 47 kilomètres et la garnison dut être presque triplée (1), sans que le but fut pleinement atteint.

Toul et Belfort grandirent peu à peu dans les mêmes proportions; Epinal un peu moins. De Toul à Epinal, il y a 65 kilomètres, mais on hérissa d'ouvrages le plateau de Frouard; le fort de Pont-Saint-Vincent barra la route de Nancy à Neufchâteau; celui de Manonviller (2) commanda la voie ferrée de Sarrebourg à Charmes par Lunéville. La trouée de Charmes se trouvait ainsi réduite à 40 kilomètres environ. Les masses à mettre en mouvement par l'Allemagne devenant de plus en plus considérables, cet espace était beaucoup trop restreint pour elles. « Le général Séré de Rivière avait laissé largement ouverte la porte d'une souricière dans laquelle il comptait que l'ennemi s'engagerait : nous avions inconsidérément fermé cette porte par un emploi abusif de la fortification » (3). Peut-être y a-t-il de l'exagération dans ce qui précède. Même portée à 65 kilomètres, la trouée de Charmes n'eut pu suffire au déploiement des masses immenses qui constituent l'armée allemande d'aujourd'hui, déploiement qui s'opère sur un vaste front d'après les errements actuellement admis.

---

(1) Général Maîtrot, p. 35 et suiv.
(2) A l'est de Lunéville et au nord de la Vezouse.
(3) Général Maîtrot, p. 38.

Quoi qu'il en soit, les masses d'invasion allemandes, ne pouvant trouver un passage suffisant à travers notre « muraille de Chine », devaient être nécessairement tentées d'appuyer vers leur droite, c'est-à-dire vers le Rhin inférieur et la Belgique (1). On était donc conduit à examiner l'hypothèse d'une violation de la neutralité belge. Nous avons dit ailleurs (2) combien elle avait été fréquemment envisagée avant la guerre.

A cette combinaison d'une attaque par la Belgique, le général Maitrot voyait des avantages sérieux pour les Allemands. Ils disposaient d'une base assurée, le Rhin, avec trois grandes places, Mayence, Coblentz et Cologne. Ils étaient en communication rapide avec le centre de l'Allemagne. Devant eux, un pays facile, parcouru de nombreuses routes. La région en arrière était nettement allemande ; on n'avait à y redouter aucune défection, ce qui n'était pas le cas en Alsace-Lorraine. Longtemps on avait admis la possibilité d'une attaque principale en Lorraine, combinée avec une diversion partie de la région Aix-la-Chapelle, Trèves, Cologne. Maintenant, l'inverse paraissait plus indiqué. L'armée de Lorraine deviendrait armée d'observation et l'effort principal s'opérerait par la droite, à travers la Belgique et le Luxembourg (3).

Mais l'application de ce plan exigeait une condition préliminaire : c'est que le front allemand de Lorraine fut organisé défensivement. On pourrait alors le confier à un groupe relativement faible, tandis que l'on renforcerait le plus possible la masse de manœuvre. Autrement dit, on voulait rendre la Lorraine annexée aussi

---

(1) Général Maitrot, p. 38, écrit en 1911 et en juillet 1914.

(2) *La grande guerre sur le front occidental. Les éléments du conflit*, p. 55 et suiv., 74, 261.

(3) Général Maitrot, p. 39.

difficilement abordable à nos troupes que notre front
du nord-est l'était pour nos adversaires. C'est à quoi tra-
vaillèrent assidûment les Allemands pendant les années
qui précédèrent la guerre. On vit ainsi surgir des « travaux gigantesques de défense », dont la seule explication
possible était l'offensive projetée par la Belgique (1).

Pendant de longues années après 1870-1871, l'Alsace-
Lorraine n'avait compté que deux forteresses, Metz et
Strasbourg. Encore ces deux places, assurément respec-
tables, n'avaient-elles qu'un rayon d'action assez restreint.
On y construisit de nouveaux ouvrages. A Istein, un
groupe fut destiné à barrer la voie ferrée de Bâle à Strasbourg par la rive droite du Rhin et à tenir sous son feu
un point de passage relativement facile. On projeta des
travaux du même genre à Altkirch et à Folgenburg, sur
les routes de Delle et de Belfort à Huningue. Neuf-Brisach devint une importante tête de pont. Strasbourg,
comptant onze forts modernes et cinq ouvrages intermé-
diaires, fut relié à la position fortifiée de Molsheim. La
Haute-Alsace ne fut plus « qu'une impasse sans issue,
fermée à toute offensive française » (2) de quelque envergure.

Metz, surtout, reçut un très grand développement. Elle
comptait huit forts détachés, répartis sur 25 kilomètres
de tour. Ils passèrent en deuxième ligne et l'on construisit
dix-sept ouvrages de premier ordre, se développant sur
un périmètre de 65 kilomètres. Au nord, la place ainsi
agrandie se reliait, par les ouvrages de Rousse, aux nouveaux forts de Thionville, ceux de Guentrange et d'Illange.

---

(1) Général Maitrot, p. 39.
(2) Général Maitrot, p. 40.

L'ensemble constituait une *région fortifiée* qui nous fermait entièrement les accès ouest de l'Alsace-Lorraine

De Metz aux Vosges, il y a 70 kilomètres sans fortifications permanentes. Encore cette unique trouée est-elle coupée en deux par la zone difficile des étangs de Dieuze et du canal des Salines. Il subsiste donc deux couloirs étroits : celui de Morhange, large de 35 kilomètres, entre Remilly, limite d'action de Metz, et Dieuze. C'est là que passe la route de Nancy à Sarreguemines. L'autre couloir ne mesure qu'une quinzaine de kilomètres entre le pied du Donon et les étangs de Dieuze; il sert au passage de la route et du chemin de fer qui vont de Lunéville vers Sarrebourg.

Il paraît difficile, sinon impossible, de s'engager dans ces sortes de défilés, avec les places de Metz et de Strasbourg sur ses deux flancs. Néanmoins, les Allemands avaient étudié la création d'ouvrages sur la côte de Delme, près de Moncheux (1), ce qui fermerait, ou peu s'en faut, la trouée de Morhange.

En résumé, la frontière franco-allemande se prête très peu à des opérations offensives, que ce soit du côté français ou de l'allemand (2). On est donc conduit, encore une fois, à examiner la possibilité d'une offensive par la Belgique et le Luxembourg, offensive qui serait la principale, parce que, là seulement, les armées allemandes auraient des facilités de déploiement et de manœuvre. Cette combinaison n'exclurait pas, d'ailleurs, une attaque secondaire par la Woëvre, sur le front Nancy-Longwy, et d'autres purement locales, le long des Vosges, par exemple.

---

(1) Général Maitrot, p. 41.
(2) Il faut pourtant dire que le général Maitrot (p. 128) admettait la possibilité d'une attaque allemande sur le front Nancy - Longwy.

Nous venons de citer Longwy. Cette petite place n'avait plus que la valeur très restreinte d'un fort détaché, de construction archaïque, commandant le chemin de fer de Luxembourg et de petites voies locales sur Villerupt et Audun-le-Roman. Montmédy, à l'ouest, n'était également qu'un fort détaché gardant, outre le débouché de ces lignes, celui des voies conduisant à Conflans et à Thionville, ainsi que la vallée de la Chiers. Mieux que Longwy, elle aurait justifié quelques travaux d'amélioration. Ils ne furent pas effectués (1).

Le plan original de notre système fortifié de l'Est comprenait, en outre, une seconde ligne de places fortes, marquée par Besançon, Dijon, Langres et Reims. Aucune n'avait été mise à la hauteur des progrès accomplis et Reims ne fut même pas défendu.

III

La possibilité d'une attaque par la Belgique étant admise de tous les côtés, il semble qu'on eût dû prêter une attention particulière à la frontière franco-belge. En 1914, elle était couverte par la place de Givet-Charlemont, le fort d'Hirson et les deux places de Maubeuge et de Lille; celle de Dunkerque protégeait la gauche de ce front défensif et tenait l'entrée nord du Pas-de-Calais (2).

La place de Givet-Charlemont, qui n'avait pas été améliorée, devait tomber après une très courte résistance. Hirson, situé dans la partie haute de l'Oise, aurait pu jouer un rôle important en barrant la trouée de cette rivière et de la Sambre, qui a vu déferler tant d'inva-

---

(1) Montmédy ne fut même pas défendu.
(2) Le fort des Ayvelles, auprès de Mézières, et ceux des environs de Valenciennes n'ont pas été défendus.

sions. Mais ce n'était qu'un fort d'arrêt sans aucune valeur en face de l'artillerie actuelle. Il ne fut même pas défendu. Peut-être même ne fut-il pas armé.

La place de Maubeuge ferme directement la trouée de la Sambre; elle barre la grande ligne ferrée qui, par Saint-Quentin, Charleroi, Namur, Liége, constitue la voie la plus facile entre Paris et Berlin. Avant la guerre, on y avait entrepris des travaux d'amélioration, mais ils paraissent avoir été insuffisants, car la résistance des forts détachés fut très vite brisée et la place capitula dans le plus bref délai. Il faut dire que le général Maitrot écrivait en juillet 1914 : « L'attention des Allemands est, en ce moment, très attirée sur Maubeuge. La *Gazette de Francfort* annonçait dernièrement que l'usine Krupp venait d'acheter 200 hectares de terrain en France, entre Maubeuge et Fagnies, pour y établir une fabrique de locomotives.... Nous sommes curieux de savoir l'accueil que recevrait une maison d'industrie française qui demanderait à établir une succursale sous les murs de Metz ou de Strasbourg » (1).

Quant à Lille, son existence même comme place forte avait été fort discutée. Son déclassement, proposé par le gouvernement, ayant trouvé quelque résistance, la question était restée en suspens, sans que l'on entreprît d'améliorer une place défectueuse ou de raser des fortifications devenues à peu près sans valeur (2). Dans les conditions où nous plaçaient les menaces allemandes sur la Belgique, cette indécision paraît purement inexplicable. Lille était, en effet, indispensable pour couvrir la gauche des armées destinées à combattre les envahisseurs. « Les Flandres

____

(1) *Nos frontières de l'Est et du Nord*, p. 23.
(2) Cf. général Maitrot, p. 63 et suiv. : *Faut-il déclasser la place de Lille* (écrit en février 1912).

sans Lille, c'est la frontière de l'Est sans Belfort », écrivait, en février 1912, le général Maitrot. Il ne fut pas écouté et Lille, défendu par des forces insignifiantes, fut pris et repris. Finalement, les Allemands s'y établirent, sans que cette place eût rendu aucun service sérieux.

En deuxième ligne, au sud de Maubeuge, Hirson, figuraient les deux places de La Fère, Laon, qui sont réunies par le massif de Saint-Gobain, très favorable à la défense contre un ennemi descendant du nord. Ces hauteurs boisées surgissent, en effet, comme une sorte de mur, d'une vaste étendue de plaines ondulées qui s'étalent vers les sources de la Somme et de l'Escaut, ainsi que sur les deux rives de la haute Oise. A l'ouest de cette rivière, elles se relient au massif de collines qu'elle longe en aval de La Fère, jusqu'un peu au nord de Compiègne. L'ensemble barre des voies de communication de première importance : les lignes ferrées de Tergnier à Busigny et à Erquelines, de Soissons à Hirson par Laon, d'Amiens à Laon et à Reims par Tergnier; le canal de Saint-Quentin débouche dans la vallée de la Somme et relie, par le canal latéral et le canal Crozat, la vallée de l'Oise et celle de l'Aisne à toutes les voies d'eau du Nord.

Chez nous on ne parut pas prendre garde à l'importance majeure du front Laon, La Fère. Les travaux de ces deux places n'avaient jamais été terminés. Elles étaient délaissées, au point qu'on n'y tenta même pas un simulacre de résistance avant la bataille de la Marne. Cet abandon devait grandement contribuer à prolonger la guerre sur notre propre sol, au prix de souffrances intolérables pour tant de nos compatriotes (1).

---

(1) Cf. Vicomte de Reiset, *Visions tragiques. Les évacués des territoires reconquis*, Écho de Paris, 27 mars 1917.

CHAPITRE IV

INDICES DE VIOLATION DE LA NEUTRALITÉ BELGE

Le projet de Moltke. — Les études faites en Belgique. — Les idées de Bernhardi. — Le général Maitrot. — La presse française. — Les renseignements recueillis.

I

Quoi qu'on en ait dit (1), Moltke ne paraît pas avoir étudié un projet d'offensive allemande par la Belgique. Dans son mémoire du printemps de 1860, il examinait le cas d'une guerre entre la France et la Prusse, à l'occasion de laquelle nous violerions la neutralité belge, pour atteindre plus facilement le Rhin inférieur. Naturellement il comptait, dans ce cas, sur la collaboration des Belges et même des Hollandais, Mais, à cette époque, l'armée française bénéficiait encore du reflet de ses victoires en Crimée et en Italie. La Prusse se préparait à repousser une attaque beaucoup plus qu'à prendre l'offensive elle-même. Quant à la Russie, Moltke écrivait : « Le temps n'est pas encore venu où l'alliance de l'Orient slave avec l'Occident latin contre le centre de l'Europe changera la face du monde » (2). La situation générale n'était en rien comparable à celle que nous avons vécue en 1914.

Après nos désastres de 1870, quand on s'occupa de

---

(1) Général Maitrot, p. 77. La *Militärische Korrespondenz* de Moltke *(Krieg 1870-71)* ne comporte pas de mémoire du 26 février 1859.

(2) *Moltkes Militärische Korrespondenz*, I, p. 129.

reconstituer la défense de nos frontières, on tint compte de l'éventualité d'une violation des neutralités belge et helvétique. Comment expliquer autrement, en effet, la création des places de Besançon, de Maubeuge, de Lille et même de La Fère? Néanmoins, on comptait généralement chez nous sur la sécurité absolue de nos frontières avec la Suisse et la Belgique. On estimait qu'à violer la neutralité de ces deux pays, l'Allemagne perdrait plus qu'elle ne gagnerait. C'est Mme Adam, dit-on, qui poussa la première un cri d'alarme en signalant les dangers éventuels d'une concentration au camp de Malmédy, suivie d'une invasion par la Belgique (1).

Il faut dire que, depuis 1880, on prévoyait une éventualité de ce genre en Belgique. Naturellement, les masses restaient étrangères à cette préoccupation; elle était surtout le fait de deux groupes d'écrivains militaires. Le premier, où l'on remarquait les généraux Brialmont et Dejardin, croyait à une attaque allemande par la rive gauche de la Meuse; le second, représenté par le général Ducarne, estimait que cette offensive se produirait par la rive droite.

Dès 1882, Brialmont pense que la force du front défensif Belfort, Verdun conduira les Allemands à le tourner par la basse-Meuse. Mais le gros de leurs forces serait maintenu face à ce front; une armée de droite, soit trois ou quatre corps d'armée, une ou deux divisions de cavalerie, partant d'Aix-la-Chapelle, passerait la Meuse entre Liége et Maestricht, et pénétrerait en France par la vallée de la Sambre, c'est-à-dire par Maubeuge. Une fraction cheminant à travers l'Ardenne belge et le Luxembourg relierait

_____

(1) Général Maitrot, p. 12. Le camp de Malmédy porte officiellement le nom de camp d'Elsenborn. C'est celui du VIIIe corps.

les deux masses allemandes. Elle irait passer la Meuse
entre Givet, Mézières et Sedan.

L'armée allemande du Nord pourrait être concentrée
vers le dixième jour de la mobilisation aux environs
d'Aix-la-Chapelle. De cette ville à Maubeuge par Liége,
Namur et Charleroi, il y a 180 kilomètres, soit, d'après
Brialmont, sept jours de marche (1); l'armée atteindrait
donc la frontière française le dix-septième jour, c'est-à-
dire à peu près au moment où le gros des forces allemandes achèverait son déploiement devant le front Belfort, Verdun. Elle serait dans les meilleures conditions
pour effectuer une puissante diversion, de nature à favo-
riser le débouché du gros.

En 1887, au moment où, chez nous, le général Boulanger donnait un élan passager aux idées guerrières, un
correspondant du *Standard* signant *Diplomaticus*, inspiré
peut-être par les Allemands, écrivait, le 2 février, que le
gouvernement britannique ne devrait pas considérer
comme un *casus belli* l'entrée des troupes allemandes en
territoire belge. « L'usage temporaire d'un droit de passage est différent d'une possession permanente et injuste
d'un territoire », affirmait l'auteur. Si donc le gouvernement allemand s'engageait à ne pas annexer une seule
parcelle du territoire belge, il serait du devoir du cabinet
britannique de laisser les Germains traverser la Belgique,
car il n'y aurait pas là violation formelle de la neutralité.

Cette thèse audacieuse fut reprise deux jours après,
sous une forme plus générale, dans un *leader* du *Standard*. La guerre étant certaine entre la France et l'Allemagne, affirmait le journal, il était de l'intérêt du gou-

---

(1) 25 km. 700 par jour, sans repos. Ce chiffre paraît exagéré pour
une armée.

vernement britannique, *ne voulant pas être impliqué dans une guerre colossale*, d'avoir la garantie qu'aucun des deux adversaires éventuels ne se proposait d'annexer une parcelle de la Belgique.

Une polémique de presse s'engagea. Le cabinet britannique jugea nécessaire de faire déclarer au gouvernement belge, par son représentant, lord Vivian, qu'il n'y avait lieu d'attacher aucune importance à un article de journal, *qui n'était pas d'inspiration officielle et ne représentait pas les vues du gouvernement anglais*. De vive voix, lord Vivian confirmait au prince de Chimay que ce serait pour le cabinet britannique un très sérieux ennui, si le gouvernement belge venait à penser que la Grande-Bretagne endossait les idées du *Standard*.

Si, comme on peut le croire, il s'agissait là d'un ballon d'essai, il avait manqué son but. Mais le gouvernement allemand garda le souvenir de ce minuscule incident. Dans une note remise le 11 janvier 1917 aux représentants des Etats neutres à Berlin, le chancelier von Bethmann-Hollweg risquait l'affirmation suivant : « *On sait qu'en 1887 le gouvernement britannique avait décidé de ne pas s'opposer au droit de passage à travers la Belgique, moyennant des garanties* » (1).

Quoi qu'il en soit, la crainte d'une violation allemande de la neutralité belge était assez vive pour amener la mise en état de défense de Liége et de Namur. En 1898, après l'organisation de ces deux places, le général Brialmont maintenait encore sa solution de 1882. Il croyait à une attaque allemande par la rive gauche, celle par l'autre rive étant impraticable en raison des difficultés et de la pauvreté de la région.

---

(1) D'après l'*Echo de Paris* du 24 février 1917.

D'après lui, les troupes d'invasion passeraient la Meuse
au nord de Liége, vers Visé, et se dirigeraient sur Maubeuge, par Tongres, Avennes et Gembloux, ou même
par Saint-Trond et Tirlemont. Liége et Namur seraient
masqués par un corps d'observation. Il est intéressant de
remarquer que, ce dernier détail mis à part, le projet de
Brialmont fut exactement réalisé par une partie des forces
allemandes.

En 1900, la question fut reprise par le général Ducarne.
Contrairement à Brialmont, il estimait qu'une attaque par
la rive gauche serait trop excentrique et se relierait difficilement aux forces allemandes de l'Est. En effet, les
places de Liége, de Namur, de Givet, les forts des Ayvelles
et d'Hirson l'isoleraient complètement de ces dernières.
L'attaque par la Sambre se heurterait finalement à Maubeuge. Même si cette place était rapidement enlevée, l'armée d'invasion n'en serait pas moins à plus de 200 kilomètres des armées de l'Est et un échec se changerait vite
en déroute (1).

Si, d'autre part, l'armée allemande opérait par les deux
rives de la Meuse, comme il serait plus prudent, il lui
faudrait s'emparer des points de passage de Liége, de
Namur, de Givet, ce qui exigerait un siège en règle. Du
moins, le général Ducarne le croyait. Il estimait donc que
la seule voie possible était sur la rive droite, au travers
de l'Ardenne belge.

L'armée d'invasion partirait de la base Malmédy, Saint-
With (2); elle aurait à sa disposition trois routes : 1° Malmédy, Stavelot, Grandménil, Marche, Wavreille, Lom-

---

(1) Général Maitrot, p. 15 et suiv.
(2) Il jugeait trop excentrique la base d'Aix-la-Chapelle et les routes
en partant vers Givet ou Fumay ou même plus au nord.

prez, Gedinne et Fumay; 2° Recht, Vielsalm, La Roche, Saint-Hubert, Paliseul, les Hautes-Rivières, Monthermé par la vallée de la Semoy, avec embranchement de Membre sur Nouzon, par Pussemange et Gespunsart; 3° Saint-With par Houffalize, Libramont, Bouillon sur Sedan.

Ces trois routes permettraient de tourner Montmédy. En six ou sept marches, c'est-à-dire vers le seizième ou le dix-septième jour, l'armée atteindrait la Semoy. Mais elle aurait eu à parcourir un pays très accidenté, pauvre et sans eau.

A cette solution, une autre paraissait encore préférable. On partirait de la base Saint-With, Bitburg, Trèves pour aboutir au front Sedan, Carignan, Stenay. On traverserait un pays riche et peuplé; le réseau des voies de communications serait très serré et très praticable; la liaison s'opérerait aisément avec les armées de l'Est (1).

Ces routes étaient en partie doublées de voies ferrées.

Comme Brialmont, Ducarne croyait que l'armée d'invasion comprendrait seulement trois ou quatre corps d'armée et de la cavalerie. Elle atteindrait la Chiers vers le seizième ou le dix-septième jour. Une autre armée (deux ou trois corps et de la cavalerie) resterait sur le front Malmédy, Saint-With, Eupen pour observer les Belges. Le tout représenterait 200.000 hommes environ, dont 80.000 destinés à un rôle d'observation.

En 1905, le général Dejardin, étudiant de nouveau la question, revint à la solution de Brialmont, pour cette raison que la rive droite de la Meuse était trop accidentée,

---

(1) Les routes préconisées étaient : de Saint-With à Sedan, par Houffalize et Bouillon; de Prum à Carignan, par Clervaux, Bastogne et Neufchâteau; de Bitburg à Stenay, par Diekirch, Rodange et Margut; de Trèves à Montmédy, par Luxembourg, Arlon, Virton. De ce dernier point on pouvait tourner Montmédy par Somme-Thonne, Avioth, Thonnelle, Thonn-le-Thil, Chauvency-Saint-Hubert.

trop dénuée de ressources. Il ajoutait un motif plus sérieux, c'est que le mouvement à l'est du fleuve serait de trop faible envergure. Les deux groupements de forces allemandes, trop rapprochés, viendraient se souder sur les fronts Sedan, Stenay et Verdun, Toul, provoquant une soudure identique de l'adversaire. On en arriverait ainsi à une bataille parallèle sur un front plus étendu qu'au début du mouvement, ce qui serait tout à fait contraire à la doctrine allemande. De toute nécessité, il fallait donc donner de l'air à la droite, afin de placer les Français en face de deux menaces distinctes.

Dejardin estimait, lui aussi, que l'armée d'invasion partant d'Aix-la-Chapelle passerait la Meuse au nord de Liége, de façon à éviter les trois places qui commandent ce fleuve. Elle prendrait la direction générale Saint-Trond, Tirlemont, Ligny, Fleurus, Charleroi, Philippeville, Chimay, Hirson et pourrait ainsi tourner Maubeuge pour entrer en France par la vallée de l'Oise, cette grande voie d'invasion débouchant directement sur Paris (1).

On voit que les trois généraux belges étaient d'accord pour juger probable une invasion de la France par le territoire belge. Mais deux donnaient une plus grande envergure au mouvement des Allemands; le général Ducarne, seul, croyait à une opération d'abord limitée à l'ouest par la Meuse. Tous s'accordaient à prévoir une puissante diversion plutôt qu'une attaque décisive. Ils ne soupçonnaient pas qu'une grande partie des forces allemandes traverserait la Belgique et le Luxembourg pour pénétrer sur notre sol.

Cette idée de la violation probable de la neutralité belge par l'Allemagne ne fit que s'accentuer avec les

---

(1) Général Maitrot, p. 19.

années. Quand il s'agit d'obtenir du Parlement le vote de la loi de 1913, qui renforçait très notablement les forces militaires de la Belgique, le président du Conseil, M. de Broqueville, jugea nécessaire d'exposer, dans une séance secrète de la Chambre, les véritables motifs qui avaient décidé le dépôt du projet. Après avoir dit que la loi de 1912 permettrait aux Allemands d'avoir en première ligne 300.000 hommes de plus que la France, le président du Conseil ajoutait :

« Pendant l'été dernier, nous avons appris que cette augmentation avait pour but de faire passer l'armée allemande à travers la Belgique.

« Cela nous l'avons appris de différentes Puissances.

« Notre inquiétude est encore augmentée par le fait que des plans nous ont été communiqués... ».

Il donnait alors lecture de plusieurs rapports concernant la possibilité pour l'Allemagne de jeter en une seule nuit 50.000 hommes devant Liége. Il ajoutait : « Je ne crains pas, il est vrai, une violation de notre indépendance par la France, mais je constate que l'état-major français a dû étudier l'hypothèse d'un passage à travers la Belgique, pour le cas où notre territoire ne serait pas respecté par l'Allemagne. Pour prévenir toute surprise, il faut donc que nous nous préparions et que nous nous gardions des deux côtés....

« Pendant le mois de juillet dernier, un chef d'Etat, un ami de la Belgique, nous a dit textuellement :

« Je donne à la Belgique le conseil amical de préparer sérieusement sa propre défense, car le miracle de 1870, où la Belgique resta préservée entre les deux armées, ne se renouvellera plus » (1).

---

(1) Ce chef d'Etat, d'après le *Belgische Socialist*, journal de M. Huys-

Il paraît impossible que de pareilles déclarations, bien qu'en séance secrète, ne soient pas arrivées plus ou moins complètement à la connaissance du gouvernement français, à l'époque même où elles furent émises.

II

Si l'on avait pu douter des intentions de l'Allemagne à l'égard de la neutralité belge, un coup d'œil sur les voies ferrées des provinces rhénanes eût suffi pour les déceler.

L'Eifel est une région montagneuse d'origine volcanique, qui s'étend à l'ouest de la Moselle et du Rhin, de Trèves jusque vers Cologne et jusqu'à Aix-la-Chapelle au nord-ouest. C'est un pays rocheux, accidenté, pauvre, au climat froid. La population y est clairsemée, sans industrie. Construire ou doubler les lignes ferrées dans une région aussi dénuée de ressources et d'avenir ne peut viser qu'un objectif stratégique.

Jusque vers 1904, le nœud le plus épais des lignes allemandes d'extrême frontière était situé en Lorraine, dans le triangle Metz, Thionville, Sarrebruck. On y comptait plus de soixante-dix quais militaires. Après 1904, l'activité principale se porta dans le pays rhénan et particulièrement dans l'Eifel, vers le Luxembourg et la Belgique. On dépensa sans compter pour des créations nouvelles, des raccordements, des doublements de voie, des rattachements aux lignes de Westphalie ou même au réseau belge (1), des quais énormes où ne débarquaient ni voya-

___

mans, est le roi Charles de Roumanie. Voir le *Bulletin documentaire belge* du 21 avril 1917.

(1) On eut le tort en Belgique d'autoriser la construction de la ligne Stavelot, Malmédy (1910).

geurs, ni marchandises. Toutes les voies ferrées du grand-
duché du Luxembourg passèrent sous l'administration
allemande. La veille de la guerre, en mars 1913, le gouvernement prussien demandait au Landtag 452 millions
de marks en vue d'améliorer le réseau ferré entre le Rhin
et Trèves, Luxembourg (1). Il était difficile de négliger
de pareils indices, concordant avec tant d'autres.

IV

Depuis plus de dix ans, porte en 1915 une note du
Bureau documentaire belge (22 mars), les écrivains militaires allemands les plus autorisés ne cessent de préconi-
ser l'attaque brusquée à travers la Belgique (2). En effet,
nous avons montré (3) comment, dans son livre bien
connu, *La guerre d'aujourd'hui* (4), le général von Bernhardi étudie la possibilité d'une attaque franco-anglaise
à travers la Belgique et les Pays-Bas. Il examine aussi,
avec plus de détails, l'opération inverse et lui reconnaît
des avantages indéniables, tout en réservant la question
politique. Il donne même au mouvement de la droite
allemande une extension majeure, admettant que l'aile
marchante s'avancerait par échelons d'armée à travers les
Pays-Bas et la Belgique, en longeant le bord de la mer,
tandis que la gauche, non seulement ne prendrait pas
l'offensive, mais esquiverait le choc de l'adversaire, en se
dérobant vers le nord pour l'attirer dans l'Allemagne du

(1) Joseph Reinach, p. 33-34. L'*Illustration* du 8 août 1914 contient une carte indiquant les voies construites ou doublées depuis 1909
sur la frontière belge.

(2) F. Passelecq, *loc. cit.*, p. 121.

(3) *La grande guerre sur le front occidental. Les éléments du conflit*, p. 261-262.

(4) II. p. 273.

Sud. Le pivot du mouvement serait situé dans le nord de la Lorraine ou dans le Luxembourg, ce qui conduisait à fortifier Trèves ou Luxembourg (1).

Les inconvénients de la manœuvre ainsi esquissée sautent aux yeux. La retraite des Allemands à travers la Lorraine et l'Alsace, prolongée jusque vers Mayence, semble-t-il, aurait de fâcheux résultats politiques, même si un succès complet à la droite devait ensuite modifier la situation. Il était donc permis de douter du sérieux de la combinaison exposée par Bernhardi, sauf en ce qui concerne le mouvement par la Belgique et même par les Pays-Bas. Visiblement, le général prussien y attache une importance particulière, car il revient encore sur cette question vers la fin de son ouvrage (2). Ce qu'il écrit ailleurs (3) du très grand danger de se fier complètement et exclusivement au succès d'une manœuvre enveloppante n'est qu'un moyen de polémique contre Schlieffen (4). Sa thèse est d'une justesse relative : « Si l'armée française fait sa concentration entre la Belgique et la Suisse, elle ne peut être enveloppée sans que l'on viole une neutralité. Mais si l'attaque se fait par la Belgique ou la Suisse, le nombre des ennemis s'augmente par l'addition des armées de ces deux pays, et la tentative d'enveloppement se heurterait encore à des fronts solides ». Que la violation du territoire belge ou helvétique dût donner de nouveaux ennemis à l'Allemagne, le fait paraissait à peu près certain. Mais on pouvait douter que le front auquel ses armées se heurte-

---

(1) On voit que, dès 1911, Bernhardi faisait bon marché de la neutralité luxembourgeoise.

(2) II, p. 435.

(3) II, p. 178.

(4) Le nom n'est pas cité, mais c'est l'auteur de *der Krieg der Gegenwart* contre lequel argumente Bernhardi dans ce passage.

raient de la Meuse à l'Escaut fût aussi solide que celui de Verdun à Belfort.

Quoi. que l'on pense à ce sujet, il est sans doute permis d'affirmer que Bernhardi examine sérieusement l'éventualité d'une violation de la neutralité belge ou helvétique, et surtout de la première.

En Belgique et en France il n'était pas rare, de 1909 à 1914, que la presse et la librairie s'occupassent de cette violation éventuelle.

Dans une étude écrite en 1911 et revue en juillet 1914, le général Maitrot, lui aussi, admettait la possibilité d'une invasion allemande par la Belgique. Il mentionnait le travail souterrain accompli depuis des années dans ce pays par les Germains, leurs méthodes sournoises pour s'y installer. « Rien qu'à Anvers, écrivait-il, il y a 60.000 Allemands. Ils ont pris pied partout, dans le commerce, dans l'industrie, dans les banques ». Bruxelles est, au vu et au su de toute l'Europe, la capitale de l'espionnage allemand. Combien de Germains naturalisés belges sont, très probalbement, des « indicateurs » pour l'état-major de leur pays natal?

En dépit de ce travail de préparation, le général Maitrot croyait à une résistance efficace de l'armée belge dans le quadrilatère Anvers, Liége - Namur, Givet, Maubeuge. Il estimait Liége capable d'une longue et vigoureuse défense, bien qu'elle ne possédât aucune enceinte; de ses anciennes fortifications, il ne subsistait qu'une citadelle et un fort bastionné très voisins de la ville et sans valeur. En revanche, douze forts détachés avaient été construits autour d'elle et ces ouvrages, sur lesquels nous aurons l'occasion de revenir, appartenaient à un type tout particulier.

A Namur, la disposition était à peu près la même, sauf

pour les forts, au nombre de neuf seulement. Outre leur garnison de troupes de forteresses, ces deux places devaient disposer chacune d'une division d'armée, destinée à la défense mobile (1). Entre elles, la petite place de Huy, qui bordait également la Meuse, est ancienne et sans valeur.

Quant à Anvers, le général Maitrot y voyait encore « une des places les plus fortes de l'Europe ». Avec une enceinte, elle comptait vingt-deux ouvrages modernes, dont quelques-uns inachevés. Elle devait être couverte en partie par des inondations provenant de barrages de l'Escaut et atteignant une profondeur moyenne de deux à trois mètres. Ces vastes nappes d'eau seraient donc navigables, ce qui assurerait certains avantages pour le ravitaillement du camp retranché, au prix de quelques dangers.

Ces défenses étaient complétées par la petite place de Termonde, à 3o kilomètres en amont sur l'Escaut, au confluent de la Dendre. Sa principale utilité était de pouvoir servir de tête de pont.

Le général Maitrot ne croyait pas qu'*une armée* allemande osât se risquer entre ces places, Maubeuge et Givet, en présence des forces de campagne belges, et cette opinion paraissait justifiée. Mais il réservait l'avenir (2). Pour le moment, il estimait, comme le général Ducarne, que l'attaque allemande, partie de la base Saint-With, Trèves, aboutirait à Sedan, Stenay, une armée d'observation faisant face aux Belges sur la base Malmédy, Saint-With. Contrairement au général Dejardin, il croyait que les 85 kilomètres entre Trèves et Metz, les 45 kilomètres

---

(1) Cf. *La grande guerre sur le front occidental. Les éléments du conflit*, p. 236 et suiv.

(2) *Loc. cit.*, p. 24-25.

entre Stenay et Verdun suffiraient pour assurer l'indépendance de la droite allemande. Cette opinion paraissait très discutable.

Quoi qu'il en soit, en 1908-1909, quatre lignes ferrées conduisaient du Rhin à la Meuse, en amont de Namur, et à la Chiers :

1° Cologne, Aix-la-Chapelle, Eupen, Montjoie, Malmédy, Stavelot, Comblain, Marche, Jemelle, Dinant;

2° Saint-With, Ulflingen, Gouvy, Bastogne, Libramont, Bertrix;

3° Wasserbillig, Ettelbrück, Arlon, Virton, Montmédy;

4° Coblentz, Trèves, Wasserbillig, Luxembourg, Longwy.

La première était interrompue entre Malmédy et Stavelot. Nous avons dit que la Belgique, mal inspirée, avait consenti à faire disparaître cette lacune.

La deuxième n'était qu'un embranchement de la première; on la rattacha au Rhin par la ligne à double voie de Butgenbach à Lintz.

La troisième se détachait à Wasserbillig de la quatrième ligne : Coblentz, Trèves, Luxembourg, Longwy. Les Allemands entreprenaient une ligne de Bitburg à Echternach par Irrel, destinée certainement à être prolongée jusqu'au Rhin.

Enfin la transversale Luxembourg, Ettelbrück, Ulflingen, qui réunit les trois dernières de ces lignes, était doublée par les Allemands (1).

Les voies ferrées du Luxembourg sont réparties entre trois sociétés : celle de Guillaume-Luxembourg, dépendant jadis de l'Est français et actuellement rattachée à la direction générale des chemins de fer d'Alsace-Lorraine; la

______

(1) Général Maitrot, p. 27.

société luxembourgeoise Prince-Henri, dont le siège est
à Bruxelles et dont la ligne forme grande ceinture dans
le grand-duché. C'est sur cette voie que se trouve, à
Rodange, l'unique contact entre nos chemins de fer et
ceux du Luxembourg. La ligne Rodange - Mont-Saint-Mar-
tin appartient à la Compagnie de l'Est; enfin, la société
Winterthur exploite un réseau de voies étroites.

Les Allemands ont dépensé des millions sur la ligne
Guillaume-Luxembourg.

De cet ensemble de faits et aussi de cette circonstance
que les quatre lignes citées pouvaient suffire aux besoins
de sept corps d'armée (1), le général Maitrot déduisait
que l'attaque partant de la base Saint-With, Trèves serait
forte de sept corps d'armée et de deux divisions de cavalerie. Deux de ces corps et une division de cavalerie reste-
raient en observation vers Malmédy, face à l'armée belge.
Le reste, environ 200.000 hommes, se porterait sur le
front Sedan, Carignan, Stenay, à travers le grand-duché
de Luxembourg et le Luxembourg belge. Ces forces
seraient concentrées vers le dixième jour; vers le seizième,
elles aborderaient la frontière française (2).

Le général Maitrot ne considérait d'ailleurs cette solution que comme provisoire. Il pressentait que, dans un
avenir assez rapproché (3), une autre s'imposerait par la

---

(1) Général Maitrot, p. 28. Aucune indication n'est donnée sur
l'origine de cette dernière affirmation, sauf qu'elle vient des Allemands.

(2) De Saint-With, Trèves à la Semoy, il y a 110 à 120 kilomètres.

(3) « Dans cinq ou six ans au maximum » (p. 41). Ces lignes
paraissent avoir été écrites en 1911. Ailleurs (p. 68), le général
écrit : « On estime que dans trois ou quatre ans, c'est-à-dire en 1914,
tous ces travaux de défense [en Lorraine] seront finis » et que les
Allemands transporteront le gros de leurs forces vers la Belgique
(écrit en février 1912). Nous ferons remarquer qu'il y a contradiction
entre les mots *dans trois ou quatre ans* et les mots *c'est-à-dire en 1914*.
Ceux-ci semblent avoir été intercalés ensuite.

force des choses : *Combats d'attente, combats d'usure en Lorraine sur le front de Verdun, Toul; décision par la Belgique* (1). Pour en juger ainsi, il s'appuyait sur l'opinion émise par le général von Bernhardi. Quant à l'offensive allemande par la Belgique, il la croyait certaine. La nier, écrit-il, « c'est nier l'évidence ». Il rappelait que, dans une lettre adressée au journal belge *Le Soir* et publiée le 4 décembre 1911, le général Langlois ne mettait pas cette offensive en doute et n'en discutait même pas la probabilité, tout en estimant qu'elle partirait de la base Trèves, Saint-With vers la Chiers (2).

De même, dans la *Doctrine de la défense nationale* (1912), le capitaine Sorb prévoit la formation d'une masse de huit corps d'armée allemands qui se réuniraient sur la basse Moselle, et marcheraient par le Luxembourg et la partie sud de la Belgique pour atteindre la Meuse entre Verdun et Mézières. Dans *France et Allemagne. La guerre éventuelle* (3), le distingué lieutenant-colonel Grouard écrivait que l'hypothèse d'après laquelle les Allemands violeraient la neutralité de la Belgique et du Luxembourg était non seulement réalisable, mais qu'on devait « la regarder comme fort probable. On l'a toujours envisagée dans les projets de défense étudiés en France depuis trente ans, mais aujourd'hui, plus que jamais, elle mérite d'attirer l'attention ». Le 15 avril 1913, dans la *Revue des Deux Mondes*, le regretté commandant Mahon (Art Roë) écrivait que divers indices faisaient croire au

---

(1) P. 29.

(2) Général Maitrot, p. 46. Le général fait remarquer que le colonel Arthur Boucher, dans sa brochure *L'offensive contre l'Allemagne*, écrit que « la violation de la neutralité belge est contraire aux principes stratégiques dont l'observation a fait le succès des Allemands ». Il demande pour quelle raison, et nous le demandons avec lui.

(3) 5ᵉ édition, CHAPELOT, 1913, p. 17.

prolongement de l'offensive allemande jusqu'à la Meuse et peut-être à l'ouest. Le 15 juin 1913, le *Progrès de l'Est* contenait, sur *la Mission de couverture du 2ᵉ corps d'armée*, un article certainement dû à un officier. Il y envisageait la possibilité d'une invasion de la Belgique « par une armée allemande », ayant pour objectif de tourner notre gauche et de menacer sa retraite. Les colonnes venues à travers le Luxembourg belge, par Comblain, Durbuy et Marche, passeraient la Meuse aux ponts d'Yvoir, de Dinant et d'Hastière, pour marcher ensuite sur Beaumont, Marienbourg, Couvin et Chimay ou sur Rocroy. Arrivés sur la ligne Le Nouvion, La Capelle, Hirson, Rumigny, Liart, Signy, les Allemands descendraient les vallées de l'Oise et de la Serre. Dans cette hypothèse, Givet serait masqué et Maubeuge évité. Mais il ne s'agissait encore là que d'une grosse diversion plutôt que d'une attaque décisive.

Le même journal reproduisait, sous la même signature *Une sentinelle de l'Est*, le 30 août 1913, une information du *Matin* au sujet des manœuvres belges, commencées le 27 août. Leur thème était inspiré de l'hypothèse d'une violation par les Allemands du territoire belge, violation qui aboutirait au passage de la Meuse en amont de Namur. L'auteur y voyait la confirmation de ce qu'il avait écrit le 15 juin.

Le *Petit Journal* publiait, le 14 septembre 1913, un article signé « Colonel X... » (1), sur les probabilités d'une violation de la neutralité belge par nos adversaires éventuels. L'auteur établissait que l'accroissement des forces

---

(1) Colonel Malleterre. Cet article a été reproduit par le général Malleterre, *De la Marne à l'Yser, La victoire des forces morales, sa portée, ses conséquences*, 5ᵉ édition, p. 147.

allemandes, passées de vingt et un à vingt-cinq corps d'armée et qui pourraient mettre en ligne « une masse égale de formations de réserve », devait avoir pour conséquence la tentation d'élargir les zones d'opérations et la manœuvre initiale, en traversant le grand-duché de Luxembourg et les Ardennes belges. Il estimait que cette combinaison serait plus avantageuse encore qu'il n'apparaissait au premier aspect, si la droite allemande passait la Meuse vers Dinant et, empruntant les chemins fameux de Sambre-et-Meuse, faisait irruption par la non moins fameuse trouée de l'Oise, sur les derrières de nos forces de l'Est.

Ceci posé, le colonel X... étudiait avec quelque détail les opérations des Allemands dans l'hypothèse envisagée. Il en concluait, un peu hardiment, que l'offensive à travers les Ardennes commencerait plusieurs jours après celle de Lorraine, et que nous en serions toujours « avertis à temps », ainsi que les Belges. Pour y parer, il suffirait, soit d'un dispositif préalable « d'armées de réserve entre Saint-Quentin et Mézières », soit du jeu de notre gauche vers le front Givet - Longwy. On verra que la solution adoptée fut un compromis entre ces deux combinaisons.

Le colonel X... ne voyait aucun motif d'alarme dans ces projets des Allemands. Il souhaitait presque de les voir aller jusqu'à *cette extension démesurée de leur déploiement stratégique et à cet odieux attentat contre la neutralité d'un petit Etat.* Mais il conseillait néanmoins de conserver les fortifications de Lille, de garder Maubeuge comme place de première ligne, en l'améliorant, et d'organiser la défense de Mézières à titre de tête de pont.

Au mois de février 1914, un officier breveté, le lieutenant-colonel, aujourd'hui général, Buat publiait, dans le

Journal des Sciences militaires, une étude anonyme intitulée : *La concentration allemande d'après un document trouvé dans un compartiment de chemin de fer. Traduit fidèlement par* ***. Sous le voile d'une fiction, d'ailleurs peu vraisemblable, le colonel résumait ses idées sur le plan de concentration et le projet d'opération des Allemands, indiquant pour quelles raisons bien connues ce projet comporterait une invasion de la Belgique. Il définissait la manœuvre initiale allemande, « un vaste mouvement de conversion, la droite formant l'aile marchante et la gauche, non immobile, mais formant cependant pivot ». Mais il admettait encore que l'invasion de la Belgique ne dépasserait pas la Meuse entre Givet et Liége. Notons aussi qu'il prêtait à l'armée allemande mobilisée vingt-cinq divisions de réserve et autant de landwehr, soit une division de chaque nature par corps d'armée, preuve de l'incertitude où l'on était chez nous de l'importance exacte des forces de complément que nos adversaires allaient mettre sur pied.

Ainsi l'on peut dire qu'en 1914 on envisageait de tous les côtés, en France comme à l'étranger, l'hypothèse d'une violation de la neutralité belge (1). On ne différait guère que sur l'extension du mouvement allemand, les uns croyant qu'il serait limité à la Meuse, les autres admettant qu'il se prolongerait à l'ouest. Notons que cette dernière hypothèse semblait gagner du terrain avec le temps et d'après l'accroissement progressif des effectifs germaniques.

Rappelons, enfin, que les indications puisées dans la presse étrangère ou dans la littérature militaire allemande

---

(1) Le général Malleterre, *Etudes et impressions de guerre,* p. 22, a écrit : « Personnellement nous n'avions jamais douté de l'attaque par les Ardennes et par la Belgique ».

étaient renforcées par de nombreux renseignements. Nous avons cité quelques-uns de ceux relatifs aux constructions de voies ferrées. Le ministre de la Guerre Etienne communiquait, le 2 avril 1913, à M. Jonnart, ministre des Affaires étrangères, un rapport officiel et secret, reçu *de source sûre*, au sujet du renforcement de l'armée allemande. Nous en avons déjà fait mention (1) en signalant qu'il prévoyait le cas où les armées belge et *hollandaise* seraient rapidement *vaincues et neutralisées*, « afin d'interdire à l'ennemi de l'ouest un territoire qui pourrait lui servir de base d'opérations » contre le flanc allemand.

Sur la frontière nord-ouest de l'Allemagne, porte également ce curieux document, on ne peut compter, comme au sud, sur le *boulevard extrêmement solide* que constitue la Suisse. « ...Le but vers lequel il faudra tendre, c'est de prendre l'offensive avec une grande supériorité dès les premiers jours. Pour cela, il faudra concentrer une grande armée, suivie de fortes formations de landwehr, qui détermineront les armées des petits Etats à nous suivre, ou tout au moins à rester inactives sur le théâtre de la guerre, et qui les écraseraient en cas de résistance armée. Si l'on pouvait décider ces Etats à organiser leur système fortifié de telle façon qu'il constitue une protection efficace de notre flanc, on pourrait renoncer à l'invasion projetée. Mais, pour cela, il faudrait aussi, particulièrement en Belgique, qu'on réformât l'armée, pour qu'elle offrît des garanties sérieuses de résistance efficace. Si, au contraire, son organisation défensive était établie contre nous, ce qui donnerait des avantages évidents à notre adversaire de l'Ouest, nous ne pourrions, en aucune façon,

---

(1) *La grande guerre sur le front occidental. Les éléments du conflit*, p. 54 et suiv.

offrir à la Belgique une garantie de la sécurité de sa neutralité. Un vaste champ est donc offert à notre diplomatie pour travailler, dans ce pays, dans le sens de nos intérêts.

« Les dispositions arrêtées dans ce sens permettent d'espérer que l'offensive peut être prise aussitôt après la concentration complète de l'armée du Bas-Rhin. Un ultimatum à brève échéance, que doit suivre immédiatement l'invasion, permettra de justifier suffisamment notre action au point de vue du droit des gens... » (1).

Il est permis de croire qu'à un document aussi positif d'autres ont dû se joindre et que l'Etat-major de l'armée a dans ses archives quantité de pièces ayant trait à une offensive allemande par la Belgique.

En résumé, nous considérons comme établi que la probabilité d'une violation de la neutralité belge avait été très fréquemment et très sérieusement envisagée, tant en France qu'en Belgique où dans les pays voisins. Il paraissait impossible que notre concentration projetée ne tînt pas compte d'une hypothèse aussi universellement admise. C'est pourtant ce qui devait arriver, du moins au début, et les conséquences allaient être telles que nous en souffrons encore au printemps de 1917.

---

(1) *Livre jaune*, p. 9-12.

CHAPITRE V

LE PLAN D'OPÉRATIONS

Le commandant des armées françaises du Nord-Est. — Son chef
d'état-major. — Les plans français d'opérations. — Le plan allemand.

I

Le général Joffre (Joseph-Jacques-Césaire) est né à Rivesaltes, dans les Pyrénées-Orientales, le 12 janvier 1852 (1).
Il était le troisième d'une famille de onze enfants, pourvue d'une certaine aisance. Les Joffre étaient tonneliers
et vignerons de père en fils (2). Après avoir fait ses études
au collège de Perpignan et au lycée Saint-Louis, il entrait,
en 1869, à l'Ecole polytechnique avec le numéro 14, bien
qu'il fût le plus jeune de sa promotion. Le 28 octobre
1870, il était nommé sous-lieutenant du génie et prenait
part comme tel au siège de Paris. Réintégré à l'Ecole en
juillet 1871, il sortait en 1874 de l'Ecole d'application
comme lieutenant au 1ᵉʳ génie. Il était ensuite employé
aux travaux du camp retranché de Paris, alors en com-

------

(1) *Le général Joffre*, par A. Séché, *Revue hebdomadaire* du 14 janvier 1915; *Notre Joffre, Lectures pour tous* du 15 mars 1915, etc.

(2) D'après certains documents, la famille serait d'origne espagnole
et aurait francisé son nom (*Débats* du 3 janvier 1915, reproduisant
une interview de Mᵐᵉ Artus, sœur du général, accordée à un rédacteur de la *France de Bordeaux et du Sud-Ouest*). M. Hanotaux écrit
(*Histoire illustrée de la guerre de 1914*, III, p. 139) que le général
aurait par sa mère, née Catherine Plas, quelques gouttes de sang
picard.

plète réorganisation. En avril 1876, à vingt-quatre ans, il était capitaine. Après avoir été employé à Pontarlier, il passait au 2ᵉ du génie, à Montpellier, puis était chef du génie à Montlouis (1), près du pays natal.

Jusqu'alors, sa carrière n'avait eu rien de marquant. Au début de 1885, il perdit sa jeune femme, après un an de mariage, et ce malheur semble avoir décidé de son destin. Il demandait à partir pour l'**Extrême-Orient** et prenait part à l'expédition de Formose, sous les ordres de l'amiral Courbet. Il était même décoré par cet illustre marin en 1885 (2). De retour au Tonkin, il y séjournait trois ans et organisait la défense de la haute région. Il entrait ensuite à la 4ᵉ direction (génie), où il était promu chef de bataillon, avec treize ans de grade de capitaine. Il passait deux années au 5ᵉ régiment du génie (chemins de fer), puis était nommé professeur de fortification à l'Ecole de Fontainebleau.

On s'occupait alors de construire la ligne ferrée de Kayes à Bafoulabé, dans le Haut-Sénégal; on y voyait avec raison un indispensable moyen de pénétration et de conquête pacifique. On demanda en France un spécialiste éprouvé et le commandant Joffre fut désigné en 1892. Dès lors sa carrière allait se dessiner nettement.

Il avait rapidement conduit les études de la voie ferrée et choisi son débouché sur le Niger, quand des événements graves survinrent. Le 13 décembre 1893, le commandant Boiteux avait occupé Tombouctou en venant du fleuve Le 10 janvier 1894, le colonel Bonnier y arrivait par la même voie. Il était suivi de près, sur la rive gauche, par

---

(1) On dit même qu'étant en vêtements civils il fut arrêté à Prats-de-Mollo, jetant un coup d'œil sur les fortifications, comme espion allemand.

(2) Hanotaux, III, p. 140.

une colonne confiée au commandant Joffre. Allant à sa rencontre, Bonnier était surpris pendant la nuit à Tacubao et sa colonne entièrement massacrée, sauf un officier, qui donnait l'alarme à Tombouctou. L'anxiété y était grande jusqu'à l'arrivée du commandant Joffre. Il y entrait après avoir parcouru 813 kilomètres dans un terrain peu ou point connu, et, quelques jours après, infligeait aux Touareg un sanglant échec.

Ce haut fait lui valait le grade de lieutenant-colonel; il avait 42 ans.

Rentré en France, il était quelque temps secrétaire de la commission des inventions, était promu colonel le 31 août 1897 et recevait ensuite mission d'organiser la défense de la base navale de Diégo-Suarez, au moment où nos relations étaient fort tendues avec l'Angleterre.

Général de brigade à 51 ans, le 12 octobre 1901, il commandait à Vincennes la 19° brigade d'artillerie, puis était nommé directeur du génie au ministère. Divisionnaire du 24 mars 1905, il était commandant supérieur de la défense à Lille, puis commandait la 6° division d'infanterie à Paris. Dès le 31 mai 1908, il prenait le commandement du 2° corps (Amiens) et, le 23 février 1910, il était appelé au Conseil supérieur de la guerre. Enfin, le 29 juillet 1911, il était désigné comme chef d'état-major général de l'armée, ce qui lui réservait, en cas de mobilisation, les fonctions de commandant des armées du Nord-Est. C'est à ce titre qu'il prenait une part prépondérante à l'élaboration et au vote de la loi de trois ans, ainsi d'ailleurs qu'à l'établissement du plan de mobilisation tel qu'il fut exécuté en 1914.

Si l'on cherche à dégager les caractéristiques de cette carrière, on voit que, d'abord très normale, elle change d'aspect après la désignation du capitaine Joffre pour l'Extrême-Orient. Dès lors elle devient de plus en plus rapide et conduit finalement le fils du tonnelier de Rivesaltes, sans un arrêt, aux plus hautes destinées. C'est la vie d'un homme favorisé par la fortune que nous avons résumée, en rappelant les étapes accomplies par le général Joffre, tant aux colonies que dans la métropole. Il apparaît largement préparé aux guerres coloniales. Le sera-t-il autant aux lourdes attributions du généralissime dans une grande guerre continentale?

L'aspect physique du général ne dément pas sa carrière. De taille au-dessus de la moyenne, de complexion robuste, les épaules carrées, la poitrine large, il donne une impression de force patiente et sans défaillance. Le cou est court; la tête rappelle un peu celle du bouledogue. Son visage coloré est encadré de cheveux blancs plutôt que gris. Le front est vaste, assez bombé, les lèvres charnues, la mâchoire énergique. D'épais sourcils en broussaille ombragent des yeux scrutateurs.

C'est, a dit l'un de ses biographes (1), le visage d'un homme heureux et sain. Ni la maladie, ni l'ambition, ni les passions, ni les chagrins n'y ont laissé leur empreinte. Il donne l'impression d'une nature calme et bien équilibrée; son seul trait marquant est le regard. Il n'a rien de ce qu'on est convenu de prêter à nos méridionaux, l'exubérance de la parole, du geste et du mouvement. Il abhorre la mise en scène, la publicité de toute nature et en arrivera peut-être à exagérer cette haine, pour lui comme pour les autres. Homme d'intérieur (2), il sort peu et mène la vie la plus réglée. On a dit de lui que

---

(1) A. Séché, *loc. cit.*
(2) Remarié le 26 avril 1905.

c'était « une nature moyenne agrandie » (1) et cette expression n'est pas sans justesse.

M. Gabriel Hanotaux, qui a pu voir le général Joffre au cours d'un entretien personnel, écrit de lui, dans ses notes, que « c'est un bœuf au travail. Simplicité, promptitude et clarté. Il débrouille... ». Chez lui, « la figure a une douceur et une distinction que l'on a quelque peine à démêler sur les portraits qui, généralement, l'alourdissent et l'épaississent. L'affabilité, le calme, l'humanité accompagnent les caractères distinctifs d'une nature forte, tranquille et grave. Paroles simples, pleines de sens et de saveur; langage extrêmement réservé; rien du méridional de convention. L'impression qu'on emporte est celle d'un ferme bon sens et d'une excellente qualité d'âme....

« Réflexion et instinct se combinent chez Joffre en une faculté maîtresse : l'équilibre. Il est, avant tout, un homme d'équilibre. Quand il ne se sent pas d'aplomb, il cherche... » (2). On a dit également de lui : c'est « une raison d'or en barre » (3). Cette faculté d'équilibre est celle qui ressort le plus des appréciations concernant l'être moral et intellectuel du général. A cet égard il paraît y avoir accord parfait.

D'après les dispositions rendues publiques en temps de paix, le général de Castelnau devait remplir les fonctions de chef d'état-major du général en chef, autrement dit de major général, titre que portait, comme on sait, le maréchal Berthier auprès de Napoléon. Dès le début des

---

(1) Miles, *Le Correspondant*, 15 décembre 1914; *Notre Joffre*, par Vidi. *Illustration* du 15 mai 1915; *Notre Joffre*, par Régis Gignoux, *Illustration* du 2 janvier 1915.

(2) *Le maréchal Joffre*, *Illustration* du 21 avril 1917.

(3) Hanotaux, III, p .145.

opérations, pour une cause inconnue, cette combinaison fut abandonnée. Le général de Castelnau prit le commandement de la 2ᵉ armée et fut remplacé dans ses fonctions de chef d'état-major par une personnalité de deuxième plan, à laquelle d'autres paraissent avoir succédé rapidement, autant qu'on en peut juger par les indications imprécises qui ont échappé à la censure. Depuis de longues années, c'était la première fois que la situation de major général n'était pas réservée à un officier général ayant a un très haut degré la connaissance de l'armée, de ses divers services, en même temps que la confiance du commandant en chef et des troupes. Il ne semble pas que nos affaires militaires aient eu à s'en louer.

En renonçant à maintenir le général de Castelnau comme major-général, quel pouvait être le but visé par le commandant en chef? Estimait-il préférable d'avoir près de lui, dans ce rôle, une personnalité moins en évidence, ne pouvant être tentée d'exercer une action personnelle sur la conduite des opérations? Jugeait-il que le général rendrait plus de services à la tête d'une armée qu'au grand quartier général? Rien ne permet de décider en faveur de l'une de ces hypothèses.

II

Nous avons dit quelle frontière nous laissait le traité de Francfort du côté de l'Allemagne. De Longwy à la Suisse, nous avions devant nous, d'abord une région de plaines ondulées, coupée en deux parties inégales par la Moselle, puis la zone montagneuse des Vosges et de leurs contreforts, enfin la plaine d'Alsace jusqu'au Rhin. Metz tenant fortement la vallée de la Moselle et Strasbourg la plaine d'Alsace, il semblait que notre débouché vers l'Allemagne dût se faire uniquement entre la Moselle et les Vosges.

De fait, l'un de nos premiers projets d'opérations (1) consistait à porter notre gros directement vers le Rhin, par Sarreguemines, en passant entre Metz et Strasbourg. Pour faciliter ce mouvement, une armée de droite, partie de Belfort, descendrait les deux rives du Rhin, afin de menacer le flanc gauche et les derrières des Allemands qui tenteraient d'arrêter notre gros. Dans cette hypothèse, Metz était simplement masqué par une armée d'observation.

Cette combinaison aventureuse devint irréalisable avant même que les fortifications d'Alsace-Lorraine eussent pris leur développement actuel. Nous en avons dit les raisons. Pourtant la doctrine de guerre française restait, plus que jamais, basée sur l'offensive. Outre que ce moyen de guerre nous a valu la presque totalité de nos succès d'autrefois, il est conforme au caractère national, qui s'accommode mieux de l'élan que de la résistance patiente et obstinée.

A ces raisons générales d'autres s'ajoutaient en 1914. Il y avait avantage évident à porter le plus tôt possible la guerre en pays allemand, de façon à nous éviter, s'il était possible, les dévastations que nous pouvions redouter et qui devaient être si complètement dépassées par l'événement. D'autre part, nous avions le plus grand intérêt à retenir sur le front occidental le gros des forces allemandes, à donner aux Russes le temps d'achever une con-

---

(1) D'après le général Maitrot, *op. cit.*, p. 40. Le lieutenant-colonel Grouard écrivait en 1913 (*op. cit.*, p. 10) : « ...La seule ligne d'opérations possibles, pour une armée française cherchant à envahir le territoire allemand, est celle qui, partant de la Meurthe, conduit d'abord sur la Sarre en passant entre Metz et les Vosges ».

centration infiniment compliquée par l'immensité des distances et par la faible densité de la population (1).

Il semble, d'ailleurs, que le gouvernement n'ait assigné à nos armées aucun objectif : « Les armées françaises ont reçu le nom d' « armées de l'Est et du Nord-Est ». C'est toute leur mission stratégique (2) ».

Nous étions absolument décidés, contre ce qu'ose écrire Bernhardi (3), à respecter les neutralités belge, luxembourgeoise et helvétique. Nous ne pouvions donc opérer qu'entre Belfort et Longwy, le cas de violation de ces territoires par les Allemands étant naturellement mis à part.

Quant à la direction et à la forme que devait prendre notre offensive, il y a divergence dans les données publiées jusqu'à ce jour.

D'après l'*Exposé de six mois de guerre* (4), dont nous

---

(1) Joseph Reinach, *op. cit.*, p. 72; *Premiers plans d'opérations d'après G. Hanotaux, Débats* du 22 février 1917. Cette dernière étude est établie d'après l'article de M. G. Hanotaux dans la *Revue des Deux Mondes* du 15 février.

(2) Joseph Reinach, p. 71. La première partie de cette assertion paraît inexacte. Nous avons entre les mains plusieurs documents datés du grand quartier général *des armées de l'Est.*

(3) Le général von Bernhardi a publié dans le *New-York Sun* une longue apologie de la violation allemande du territoire belge, reproduite par le *Times* des 23 et 24 mars 1915. Il y écrit notamment :
« C'est la France et non l'Allemagne qui a imaginé de violer la neutralité belge; en effet, le général Joffre avait arrêté un plan de campagne consistant à contenir défensivement les Allemands vers l'Est, pendant qu'avec le gros de ses forces il envahirait brusquement la Belgique et tournerait les défenses du Rhin par Cologne et Wesel; donc l'Allemagne, en attaquant la France par la Belgique, n'a fait que devancer son adversaire; elle n'avait pas le choix d'autres moyens de défense ».
Ces lignes sont exactement le contraire de la vérité. Qu'un homme comme Bernhardi affirme ainsi comme vrai un mensonge évident donne la mesure de la mentalité allemande.
Le gouvernement français a répondu péremptoirement par note du 24 mars 1915 (F. Passelecq, p. 125).

(4) P. 1.

avons dit le caractère au moins officieux, « notre plan de concentration avait prévu la possibilité de deux actions principales : l'une sur la droite, entre les Vosges et la Moselle (1); l'autre sur la gauche, au nord de la ligne Verdun, \Toul ». Il est difficile de se rendre compte de ce qu'entend exactement le rédacteur par ces derniers mots, « la ligne Verdun, Toul » faisant face au N.-N.-E., c'est-à-dire à Metz. On peut admettre néanmoins qu'il aurait été question d'attaquer au nord de la ligne Verdun, Metz, dans la direction générale de Trèves.

Au contraire, suivant M. G. Hanotaux (2), on considéra que deux alternatives seulement se présentaient pour la France, si elle entendait respecter la neutralité belge et luxembourgeoise : 1° occuper l'Alsace, se couler le long du Rhin et franchir le fleuve vers Mayence; 2° suivre la Moselle et franchir le fleuve vers Coblentz.

« La première de ces campagnes, écrit improprement cet académicien, se heurte à Strasbourg, la seconde à Thionville et à Metz. Des deux côtés, les débuts sont rudes, mais il n'y a pas d'autre voie ». M. Hanotaux oublie évidemment l'existence des trouées de Sarrebourg et de Morhange, pourtant bien connues.

Quoi qu'il en soit, d'après M. Hanotaux, le choix du commandement français se porta d'abord sur la première de ces combinaisons, qui s'imposait pour ainsi dire, croit-il : « La première bataille devait être recherchée, toutes forces réunies, en appuyant au Rhin la droite du dispositif général : et telle fut la conception qui présida, en effet, au début de la campagne ». Dans ce qui précède, M. Hanotaux voit l'explication des débuts quelque peu incohé-

---

rents de nos opérations, de la « manœuvre d'Alsace », de la marche en avant de nos armées de l'Est, échelonnées par la droite, et de la mise en réserve de la 4ᵉ armée. Celle-ci, disposée en seconde ligne dans un emplacement central, aurait servi de masse de manœuvre et provoqué l'*événement* au point décisif.

Le même historien a résumé comme il suit le plan du général Joffre (1) : « Avant d'aborder la guerre, Joffre avait son plan, non pas sorti uniquement de son cerveau, mais fruit du labeur persévérant des états-majors... Joffre visait la Prusse par le Rhin ». Cette version nous a été confirmée verbalement par une personnalité autorisée : l'idée maîtresse du général en chef était l'offensive par le Haut-Rhin, avec passage ultérieur du fleuve et coupure de l'Allemagne en deux tronçons, — c'était à peu près le plan primitif de Napoléon III en 1870 —. Nous ne tenions aucun compte de ce que ferait l'ennemi et *a fortiori*, de l'invasion de la Belgique (2).

Dans le projet ainsi analysé, les armées de gauche ne jouent qu'un rôle secondaire, appuyant en quelque sorte l'action des armées de droite, renforcées de la 4ᵉ. Une autre hypothèse a été émise, dans laquelle les 3ᵉ, 5ᵉ et

______

(1) *Le maréchal Joffre. Illustration* du 21 avril 1917, p. 350. Cf. *Histoire illustrée de la guerre de 1914*, V, p. 64 : l'armée d'Alsace occupait la rive gauche du Rhin, détruisait les ponts, masquait Neuf-Brisach, investissait Strasbourg. La 1ʳᵉ armée prenait pour objectif l'armée de Sarrebourg et cherchait à la rejeter sur Strasbourg. A gauche, la 2ᵉ armée, se couvrant vers Metz, essayait de déboucher vers Sarrebruck. Les 3ᵉ et 4ᵉ armées, marchant face au nord et masquant Metz, se relieraient au besoin à la 2ᵉ. Le siège de Metz pourrait être entrepris. La 5ᵉ armée, vers Vouziers et Aubenton, surveillerait la frontière belge et la trouée de l'Oise, prête à attaquer ce qui déboucherait entre Mouzon et Mézières. Une armée d'extrême-gauche se formerait dans la région de Vervins pour plus de sécurité.

(2) Il semble que jamais le commandant en chef n'ait orienté ses commandants d'armées sur ses projets. Son plan aurait été établi en dehors de la collaboration du Conseil supérieur de la guerre.

4ᵉ armées pouvaient être amenées à exécuter l'action principale. D'après M. Ernest Renauld (1) l'emploi de ces armées était réservé selon que les Allemands violeraient ou non la neutralité belge. Au cas d'une violation, toute la gauche prendrait l'offensive dans le Luxembourg. A cet effet, la 4ᵉ armée aurait à se resserrer sur le front Mouzon, Mézières, afin de faire place le long de la Meuse à la 5ᵉ. Puis la 5ᵉ se porterait à travers l'Ardenne belge vers le front Gedinne, Paliseul, Neufchâteau, en liaison avec les 4ᵉ et 3ᵉ armées (2).

On remarquera qu'aucune de ces hypothèses ne concorde entièrement avec le texte de l'*Exposé de six mois de guerre* que nous avons cité et dont nous avons trouvé ailleurs la confirmation officielle. Quoi qu'il en soit, il est permis de croire que le projet du commandant en chef était bien de prendre l'offensive par la Haute-Alsace, le long du Rhin, puis de passer le fleuve en aval de Strasbourg pour pénétrer au cœur de l'Allemagne.

Il y avait contre ce plan les plus graves objections.

Nous ne tenions pas compte d'un fait qui primait toute considération : c'est que les forces allemandes sur le front occidental devaient être, selon les vraisemblances, très supérieures aux nôtres. Nos adversaires disposaient, en effet, de 25 corps d'armée du temps de paix et nous de 22, réduits à 21 par la dislocation du 19ᵉ corps qui ne fut jamais

---

(1) *Charleroi - Dinant - Neufchâteau - Virton*, *Revue* du 1ᵉʳ/15 octobre 1916.

(2) M. Renauld ajoute que le général Joffre aurait donné l'ordre d'exécuter ces dispositions le 2 août, « la violation de la Belgique ne faisant plus aucun doute ». Or, d'après le *Livre jaune*, la remise de l'ultimatum allemand, faite le soir du 2 août, ne fut connue à Paris que dans la journée du 3. Il est donc impossible que le général Joffre ait changé son dispositif de concentration avant le soir du 3 ou la matinée du 4. En réalité, il le changea beaucoup plus tard, comme nous le verrons.

constitué. On savait chez nous (1) que ces 25 corps d'armée seraient doublés de pareil nombre d'unités de réserve, ce qui porterait l'ensemble des forces allemandes à 50 corps d'armée sans la landwehr et les autres formations secondaires. De ces 50 corps d'armée, il faudrait, au début du moins, en laisser 8 ou 10 au plus sur la frontière russe, où, joints à la presque totalité des forces autrichiennes, ils parviendraient sûrement à contenir les Russes jusqu'à l'achèvement de leur concentration. Dès lors nous aurions devant nous 40 ou 42 corps d'armée au moins; nous ne pourrions leur opposer que les 21 corps actifs et une vingtaine de divisions de réserve, soit la valeur de 31 corps d'armée en tout. On peut se demander si prendre l'offensive à 3 contre 4, étant donné que la valeur intrinsèque des troupes et du commandement est à peu près la même dans les deux camps, était justifié par la raison. Nous croyons le contraire (2).

D'autre part, en admettant que la nécessité d'une offensive vigoureuse s'imposât, dans quelles conditions l'aurions nous tentée?

---

(1) Cf. *supra*, p. 71-73, le passage précédemment cité du général Malleterre et celui en sens contraire du général Buat. Il semble que notre état-major n'ait pas ajouté foi aux renseignements qu'il possédait sûrement à cet égard ou qu'il ait admis que les unités de réserve, plus lentes à se concentrer, ne pourraient prendre part aux premiers combats.

Au début du mois d'août, les Allemands auraient porté sur le front occidental 21 corps actifs, 13 corps de réserve, total 34 (*Quatre mois de guerre*, relation officielle reproduite par le général Malleterre, *loc. cit.*, p. 253 et suiv.).

(2) En 1913, le lieutenant-colonel Grouard avait démontré la nécessité pour la France de la défensive stratégique. L'offensive stratégique implique diverses conditions : on sera prêt le premier, on se croit notablement le plus fort, l'armée a en elle-même une confiance justifiée par des succès antérieurs et enfin on peut choisir une ligne d'opérations facile à suivre. Aucune de ces conditions n'était réalisée pour nous (*op. cit.*, p. 69).

Descendre le long du Rhin entre les Vosges et le fleuve eût été pour notre droite infiniment dangereux, même si nous arrivions à nous rendre maîtres des ouvrages d'Istein et de la tête de pont de Neuf-Brisach à l'est, ainsi que des cols des Vosges à l'ouest. Qui pouvait empêcher, en effet, les Allemands de forcer le passage du Rhin sur nos talons et de nous enfermer entre Strasbourg, Molsheim, le fleuve et les Vosges? L'Alsace est un couloir (1) où une armée ne peut manœuvrer; elle doit obligatoirement marcher en avant ou en arrière, et la marche en avant nous conduisait devant la ligne Strasbourg, Molsheim, c'est-à-dire devant un ensemble de fortifications modernes, défendues par une forte garnison, pourvue de toutes les ressources de la technique actuelle.

L'offensive par l'Alsace ne pouvait mener à rien, si elle ne se liait à un mouvement très étendu, embrassant aussi bien la rive droite du Rhin, jusqu'à la forêt Noire, que la Lorraine jusqu'à la Moselle au moins.

Elle présenterait aussi de graves inconvénients politiques. Entrer en Alsace, sans être sûrs de s'y maintenir, serait éveiller dans des populations restées attachées à la France des espoirs peut-être bientôt démentis; ce serait les exposer à de cruelles représailles, attirer les ravages de la guerre sur un pays que nous avions un pressant intérêt à laisser intact.

A pénétrer en Alsace, il fallait donc être assuré de garder le terrain conquis et ce n'était pas le cas en août 1914.

Nous avons dit que l'offensive en Alsace se liait à d'au-

______

(1) « Descendre l'Alsace, c'est s'enfermer dans un cul-de-sac, au bout duquel se trouve Strasbourg et, par conséquent, dans une voie sans issue.

« Passer le Rhin vers Huningue, pour porter la guerre sur la rive droite, serait une entreprise insensée, au moins au début d'une guerre.... » (Lieutenant-colonel Grouard, *op. cit.*, p. 5.)

tres attaques à l'ouest des Vosges. Ces attaques ne pouvaient emprunter que les deux trouées de Sarrebourg et Morhange, la première surtout très étroite (1); entre elles, la région difficilement praticable des Etangs. Or, déboucher par l'une ou par l'autre, ou par les deux à la fois impliquait un dispositif en profondeur, de nature à beaucoup compliquer le déploiement à intervenir avant la bataille. Si les Allemands se bornaient à nous attendre, déployés sur un vaste front immédiatement au débouché de ces deux couloirs, ils auraient pour eux un avantage évident, celui de feux concentriques sur une formation profonde. Les conséquences seraient d'autant plus graves que leur artillerie lourde n'avait chez nous qu'une faible contre-partie. Encore négligeons-nous la possibilité pour eux de faire usage de la fortification de campagne. Si leurs positions étaient organisées comme elle pouvaient l'être, nos chances de succès seraient réduites à rien.

S'il s'agissait du couloir de Morhange, notre situation s'aggraverait de ce fait que la place de Metz, sur notre gauche, était gardée par une véritable armée pouvant aisément déboucher sur nos derrières ou dans notre flanc. Une attaque dans cette direction pouvait aisément aboutir à une déroute.

En résumé, une offensive soit sur Sarrebourg, soit sur Morhange avait très peu de chances de succès en août 1914. D'ailleurs le plan initial de manœuvre par notre droite dut presque aussitôt être modifié. Il ne tenait aucun compte, en effet, d'un fait capital, l'éventualité d'une attaque allemande par la Belgique, malgré tous les indices qui la rendaient infiniment probable (2).

____

(1) Voir *supra*, p. 51.
(2) On nous a dit, de très bonne source, qu'une haute intervention

On apprit la violation de la neutralité belge le 4 août. Mais tout porte à croire qu'on ne lui attribua pas de suite l'importance qu'il convenait. On crut sans doute à une diversion limitée à la Meuse vers l'ouest, comme on l'avait si souvent prônée dans les études écrites en Belgique ou en France. Pourtant le texte de l'ultimatum allemand à la Belgique (2 août) laissait déjà deviner que, si les armées allemandes traversaient le pays, la Meuse serait non la limite nord, mais l'axe de leur mouvement vers la France (1). On décida de *varianter* séance tenante la concentration, de la faire appuyer vers l'ouest, en intercalant sur la première ligne de notre dispositif l'armée destinée d'abord à rester en réserve. Les Anglais devaient prolonger notre gauche (2) et cette condition même impliquait du retard, car on ne pouvait prévoir la fin de leur concentration pour une date antérieure au soir du 21 août.

Voir, d'après M. G. Hanotaux (3), les considérations auxquelles obéit le commandant en chef.

A la suite de la violation des territoires luxembourgeois et belge, l'offensive le long du Rhin devenait impossible. Il fallait évidemment couvrir Paris et la France de l'invasion préméditée. Mais, puisque notre masse principale était à proximité de Metz, pourquoi ne pas déboucher le long de la Moselle, en masquant ou en tournant cette forteresse et Thionville, et en progressant vers Trèves?

---

avait empêché que notre concentration fût déterminée dans cette prévision. Il nous a été naturellement impossible de le vérifier.

(1) *L'action de l'armée belge*, p. 7.

(2) D'après M. E. Renauld, *loc. cit.*, p. 2, notre premier dispositif de concentration ne prévoyait pas l'entrée en ligne de l'armée anglaise, et cette affirmation paraît très vraisemblable. C'est lorsque la violation du territoire belge eût été effectuée que l'on assigna son emplacement à cette armée. Mais on ne croyait nullement qu'elle aurait à supporter le principal effort de la droite allemande.

(3) *Loc. cit.*, p. 743-744.

Cette manœuvre permettrait de garder une porte ouverte sur l'Allemagne, de menacer de flanc les armées allemandes dans leur mouvement à travers la Belgique, de maintenir la liaison entre la masse de nos armées et la 5e. On pourrait surprendre l'ennemi en pleine opération, en le coupant de sa base rhénane.

En résumé, on allait foncer sur le centre des armées allemandes avec nos 3e et 4e armées, tandis que nos ailes les maintiendraient sur la Sambre et en Lorraine. Si cette opération réussissait, on essaierait de rejeter les Allemands d'une part sur la mer du Nord, d'autre part sur le Rhin.

Quoi qu'il en soit de ces conjectures, un fait certain est qu'au lieu de manœuvrer par sa droite, le commandant en chef projeta de limiter l'offensive en Alsace et en Lorraine au strict indispensable pour fixer l'adversaire, retenir sur place le plus gros effectif possible et donner au reste des troupes alliées le temps d'achever leur concentration. Au centre reviendrait la tâche de prendre l'offensive dans la région des Ardennes, de façon à tomber dans le flanc gauche des forces allemandes de Belgique (1). Mais on évaluait trop bas chez nous l'effectif de nos adversaires. On croyait se heurter à 7 corps d'armée dans les Ardennes et le Luxembourg. Il y avait là, en effet, 7 corps d'armée actifs, mais doublés d'autant de corps de réserve. Au lieu d'avoir une grosse supériorité numérique, 12 corps contre 7, nous allions être en

---

(1) « Notre objectif était par conséquent tout d'abord de maintenir et de repousser le centre de l'ennemi, ensuite de nous jeter avec toutes les forces à notre disposition sur le flanc gauche du groupe des armées allemandes dans le Nord. » (*Exposé de six mois de guerre*, p. 4-5.)

état d'infériorité, 12 corps contre 14 (1). En somme, nous avions commis une double erreur dans l'établissement de notre plan général d'opérations : nous avions sous-évalué les forces de l'adversaire, ce qui constitue la plus grave des fautes, et nous avions négligé une éventualité que tous les indices concouraient à montrer infiniment probable.

III

L'un des principes de Napoléon, remis en honneur par Moltke et par ses successeurs, est celui-ci : accabler le principal adversaire, pour se reporter ensuite contre l'autre. Encore faut-il préciser le sens du mot *principal*. Il ne s'applique pas nécessairement à l'adversaire dont

---

(1) *Premiers plans d'opérations*, d'après G. Hanotaux, *Journal des Débats* du 22 février 1917.

Cette question des effectifs vaut d'être serrée d'un peu plus près. D'après le général Malleterre (p. 274-275) la Ire armée allemande comprend 4 corps actifs et 3 de réserve, soit 14 divisions, dont 4 opéreront contre les Belges; la IIe armée, 3 corps actifs et 3 de réserve, soit 12 divisions; la IIIe, 3 corps actifs et 1 de réserve, soit 8 divisions; la IVe, 2 corps actifs et 2 de réserve, soit 8 divisions; la Ve, 4 corps actifs, 2 de réserve et 1 division de réserve, soit 13 divisions. Total général: *55 divisions*, dont 4 opérant contre les Belges; restent *51*.

D'après le même auteur, p. 290-291, les Anglais comptent 2 corps, soit 4 divisions jusqu'à l'arrivée d'une 5e le 26 août; la 5e armée, 4 corps actifs, 1 division active, 3 divisions de réserve, soit 14 divisions; la 4e armée, 5 corps actifs, 1 division active, 2 divisions de réserve, soit 15 divisions et demie; la 3e armée, 3 corps actifs, 3 divisions de réserve, soit 10 divisions et demie.

Total général : *44 divisions*, sans les Belges et les divisions territoriales, celles-ci ne pouvant entrer sérieusement en ligne de compte, de même que la landwehr.

Dans ce qui précède, nous avons tenu compte du fait que nos corps d'armée ont été mobilisés à 5 brigades, dont 1 de réserve. Il est d'ailleurs possible que le relevé du général Malleterre soit incomplet concernant les Allemands. Il n'est pas d'accord avec celui que donne M. Hanotaux (IV, p. 157-208).

les forces numériques sont le plus considérables, mais à celui qui est le plus immédiatement dangereux.

La Russie mesure environ dix fois la superficie de la France, 5.116.380 kilomètres carrés contre 536.464. Sa population est supérieure au triple de la population française : 133.055.300 habitants contre 39.601.599 (1). L'armée russe dispose donc d'un nombre d'hommes qui est plus de trois fois celui de l'armée française. Mais la Russie est faiblement et surtout irrégulièrement peuplée. Sa mobilisation ne peut qu'être très lente, en raison de l'immensité des parcours et du petit nombre des voies ferrées. On pouvait donc prévoir avec certitude que les aptitudes offensives de l'armée russe se développeraient beaucoup plus lentement que celles de l'armée allemande.

Dans ces conditions, cette dernière avait un rôle tout tracé : écraser l'adversaire français avant de se retourner contre le russe. Cette thèse avait été si souvent développée en Allemagne, dans la presse, dans les ouvrages militaires et même à la tribune, qu'il ne pouvait y avoir aucun doute à cet égard.

Le plan général d'opérations allemand allait donc être basé sur une offensive initiale contre la France, ayant pour conséquence la réduction au minimum des forces sur le front oriental. Un historien allemand l'a établi récemment, ses compatriotes avaient fondé tout leur espoir sur une rapide concentration de leurs forces. Elles fondraient simultanément sur l'adversaire en opérant vivement un mouvement concentrique, de façon à chercher et anéantir en rase campagne la masse principale des

---

(1) Joseph Reinach, p. 11. En réalité 5.859.200 kmq. et 160.550.600 habitants pour la Russie d'Europe, d'après l'*Annuaire statistique de Russie pour 1915*.

nôtres. Une fois celles-ci écrasées, on obligerait la France à traiter (1).

Quant à l'exécution de l'offensive elle-même, on ne peut formuler à son égard que des hypothèses. Un fait certain est qu'elle comportait un enveloppement par la droite. Mais on affirme de divers côtés que le grand état-major allemand prévoyait également un mouvement enveloppant par la gauche. Celle-ci devait faire effort, dit-on, sur Nancy ou, d'une façon plus générale, entre Toul et Épinal, par la trouée de Charmes (2).

Voici ce que porte, au sujet de cette offensive par la gauche, un communiqué français du 15 août (3) :

« On sait par les déclarations des Allemands eux-mêmes (général de Bernhardi, général de Falkenhayn, maréchal von der Goltz, etc.) que leur plan comportait en première ligne, l'attaque brusquée de notre couverture du côté de Nancy.

« On sait également... qu'une seconde attaque brusquée devait se produire par la Belgique.... Une preuve décisive de la réalité de ce double plan se trouve dans ce fait que nombre de réservistes allemands mobilisés du 5ᵉ au 15ᵉ jour de la mobilisation avaient des fascicules de mobilisation leur enjoignant de rejoindre dans une ville française, Verdun, Reims, Châlons, etc. »

Malgré cette affirmation officielle, on ne peut croire que les Allemands auraient commis une absurdité aussi palpable, vendant ainsi la peau de l'ours qu'ils n'avaient pas encore tué et qu'ils ne tuèrent pas.

---

(1) F. Heinecke, *Le Rythme de la guerre mondiale*, *Gazette de Francfort* de janvier 1917, cité par Hanotaux, *loc. cit.*, p. 732.

(2) Cf. la relation officielle *Quatre mois de guerre*, général Malleterre, *loc. cit.*, et l'article du *Journal des Débats* du 22 février 1917.

(3) Gaston Jollivet, *op. cit.*, p. 47.

D'après M. Hanotaux (1), le plan de campagne allemand était inspiré de Schlieffen, l'ancien chef d'état-major; celui que Guillaume II proclamait le plus « génial » de ses lieutenants. Il comportait un double mouvement enveloppant, l'aile droite visant Paris et l'enveloppement de notre gauche, l'aile gauche devant percer par la trouée de Charmes pour se rabattre sur notre centre. Quant au centre allemand, il était réservé pour tomber sur ce dernier quand il serait dans la pince de la tenaille. Cette manœuvre ingénieuse devait se dérouler de la façon la plus simple, la plus méthodique, « comme dans la cour de la caserne, comme à l'école de bataillon », disait Schlieffen. Une pareille stratégie, « spécialement allemande et supernapoléonienne », ne pouvait qu'aboutir à l'anéantissement complet de nos armées, à la fois enveloppées et écrasées d'un seul coup.

Malgré l'autorité qui s'attache aux études de M. Hanotaux et aux documents d'origine officielle ou officieuse française, il ne paraît pas que l'idée du double enveloppement ait été aussi confirmée chez les Allemands qu'on a bien voulu le dire. Pour la manœuvre contre notre gauche, nous le répétons, il ne saurait y avoir aucun doute. La neutralité du Luxembourg est violée dès le 2 août, avant toute déclaration de guerre, et cette violation présage sûrement celle du territoire belge, évidemment connexe. Il y a un intérêt stratégique de premier ordre au fond de ces deux violations, imposées par le grand état-major contre la promesse d'une grande victoire (2).

---

(1) *La bataille des Ardennes, 21-25 août 1914, Revue des Deux Mondes,* 15 février 1917, p. 732 et suiv.

(2) D'après M. Hanotaux, *loc. cit.*, p. 740, M. de Jagow aurait dit : « Au Conseil tenu à Potsdam, les militaires l'ont emporté sur les civils ». D'après le même historien, c'est l'empereur qui paraît avoir

En ce qui concerne le mouvement sur Nancy ou par la trouée de Charmes, nous considérons les intentions des Allemands comme beaucoup moins évidentes. On verra plus loin qu'aucun fait ne confirme leur idée d'attaque brusquée sur la première de ces villes, dans les trois jours qui suivirent la déclaration de guerre. S'ils la caressèrent un instant, ils l'abandonnèrent avec une rapidité qui n'est pas dans leurs habitudes.

L'offensive par la trouée de Charmes fut beaucoup plus sérieuse, ainsi que nous le verrons, mais néanmoins elle n'eut pas le caractère d'une action décisive comme la manœuvre allemande contre notre gauche. Nous ne croyons donc pas à la réalité du projet de double enveloppement et nous estimons que le plan des Allemands, tel qu'il fut réellement adopté, est plutôt celui que développe l'auteur des *Batailles de la Marne*, parues à Berlin en janvier 1916 (1). D'après cet écrivain anonyme, qui paraît autorisé, le projet primitif d'opérations se résumait ainsi :

Garder la stricte défensive entre la Suisse et le Donon; entretenir entre le Donon et Verdun une défensive-offensive selon la formule de Moltke. La mission principale de l'armée opérant dans ce secteur serait d'y retenir les forces opposées. Quant aux quatre armées de droite, partant de la base Thionville et Aix-la-Chapelle, elles entreraient en France par le Luxembourg et la Belgique, en cherchant à étendre leur droite de plus en plus vers la mer.

Ce mouvement « génial » permettait les plus belles espérances. On comptait rejeter nos armées au delà de

---

eu l'idée première du plan allemand. Moltke et l'état-major en auraient seulement préparé l'exécution.

(1) Analysé par M. Joseph Reinach, *Revue de Paris*, 1er décembre 1916. Aurait été inspiré par le général von Moltke.

l'Aisne, de la Marne, peut-être de la Seine, afin de les
déborder au sud de Fontainebleau et finalement de les
anéantir. On sait comment ce projet échoua pour la très
simple raison qu'il ne tenait aucun compte de l'ennemi.

Quoi qu'il en soit de toutes ces hypothèses, la droite
allemande allait comprendre douze corps d'armée répartis en deux armées. La première, à laquelle serait rattachée une forte cavalerie, passerait la Meuse au nord de
Liége; la seconde entre Liége et Namur. L'ensemble marcherait sur Bruxelles et Charleroi, en laissant à une formation spéciale le soin de combattre l'armée belge et
d'occuper la Belgique.

Le centre, également très fort, compterait quatorze
corps d'armée groupés en trois armées, qui se porteraient
sur la ligne Dinant, Saint-Hubert, Longwy (1).

Enfin, la gauche, très sensiblement plus faible, ne comporterait que neuf corps en deux armées, destinées à opérer en Lorraine. L'Alsace était confiée à des troupes de
landwehr; d'abord groupées sous les ordres du général
von Gaede, elles passèrent ensuite sous ceux du général
von Deimling (2).

---

(1) D'après M. Hanotaux, *loc. cit.*, cette masse centrale aurait
été tenue soigneusement cachée dans les forêts du grand-duché et
du Luxembourg belge, pour être jetée ensuite brusquement en avant
et achever la victoire. Il semble difficile que les Allemands aient eu
la prétention de cacher un groupe d'armées comme on dissimule une
compagnie en embuscade. Dans un pays aussi peuplé, des masses
de cette importance ne peuvent être ignorées. Nous connûmes dès
le premier moment l'entrée dans le grand-duché de forces considérables, ainsi que le montre le *Livre jaune*.
La vérité paraît être plutôt que la manœuvre allemande exigeait
la mise en mouvement de la droite avant celle du centre. Ce dernier
avait à cacher ses emplacements le plus possible, comme il est de
règle pour toutes les troupes en campagne. Il n'y a donc pas là de
profondes combinaisons du genre de celle qu'entrevoit M. Hanotaux.
(2) Cette répartition empruntée au général Malleterre, p. 274-275,

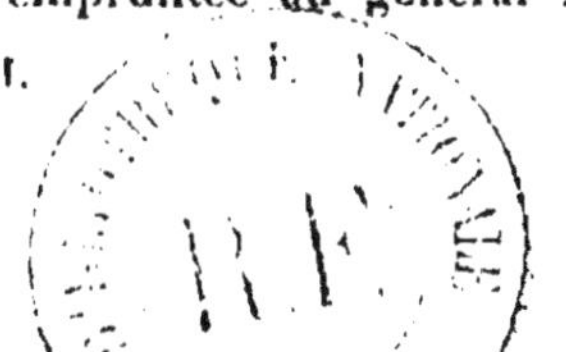

Cette répartition suffit pour indiquer les intentions du commandement allemand. La droite allait accomplir le grand mouvement tournant qui avait motivé l'invasion de la Belgique. Le centre appuierait la droite et contribuerait à la bataille décisive. La gauche aurait un rôle secondaire n'excluant pas des offensives limitées.

Le commandement suprême des armées allemandes allait être exercé par l'empereur Guillaume II, avec le général von Moltke comme chef d'état-major. Nous avons dit ailleurs (1) ce qu'était l'empereur comme chef d'Etat. On pouvait prévoir qu'il n'aurait rien de ce qui fait les chefs d'armée. Quant à Moltke, le neveu du grand stratège ne devait pas faire oublier son oncle, tant s'en faut. Il est vrai que la tâche était devenue beaucoup plus lourde. Au lieu des trois armées initiales de 1870, l'Allemagne allait en mettre huit et bientôt neuf sur pied (2).

Des huit armées allemandes du début, il est à noter que trois seraient commandées par des princes héritiers, ne devant, selon toute apparence, cette situation qu'à leur rang social. Rien ne montre mieux combien l'armée allemande est encore d'essence aristocratique au début du XX° siècle.

---

ne concorde pas, comme total, avec les chiffres de la relation officielle reproduite, *ibid.*, p. 253. Celle de M. Joseph Reinach, p. 11, est encore différente. Toutes ces répartitions ne peuvent être considérées que comme approximatives.

(1) *La grande guerre sur le front occidental. Les éléments du conflit*, p. 69 et suiv.

(2) En y comprenant l'armée de la Meuse, commandée par von Emmich, et destinée à combattre les Belges.

CHAPITRE VI

LA CONCENTRATION

Concentration primitive française. — Concentration définitive. — Concentration allemande. — Concentrations belge et anglaise. — Le maréchal French.

I

La concentration est l'ensemble des mouvements qui portent les troupes sur ce qu'on appelait autrefois la base d'opérations, c'est-à-dire derrière la ligne réelle ou idéale d'où elles se mettront en marche pour entamer l'offensive ou qu'elles occuperont dans la défensive.

Il n'est pas besoin d'insister sur l'importance de la concentration pour la suite de la guerre. Moltke a écrit que les fautes commises dans cette période ont parfois des conséquences qui s'étendent jusqu'à la paix. Bernhardi le pense aussi : « La concentration même a une importance décisive pour le développement tout entier et pour l'issue de la guerre. Les erreurs qu'on a commises dans la concentration... ne peuvent généralement plus être corrigées et cela d'autant moins que les masses mises en mouvement sont plus grandes » (1).

Dans ces conditions, il est évident que l'ensemble du dispositif de la concentration doit être déterminé d'après les intentions stratégiques et non d'après des considérations destinées à la faciliter. Elle est fonction non seulement du plan général d'opérations, mais aussi de la con-

---

(1) *La guerre d'aujourd'hui*, II, **p. 370.**

centration ennemie, surtout quand il s'agit d'un adversaire possédant une supériorité numérique ou morale.

C'était le cas en 1914. Nous savions que les forces allemandes étaient numériquement supérieures aux nôtres, même en tenant compte des corps d'armée laissés sur la frontière russe. Cette supériorité était d'autant plus grande que nous ne pouvions tabler, au début, sur la neutralité de l'Italie.

Si donc les Allemands opéraient leur concentration d'Aix-la-Chapelle à Bâle, et non du Luxembourg à Bâle, en vue d'une offensive par la Belgique, comme tout semblait l'annoncer, nous ne pouvions faire autrement que de déplacer également la nôtre vers le nord-ouest. Au lieu de nous concentrer de Belfort à Longwy, nous nous serions concentrés de Belfort à Dunkerque, en réduisant très sensiblement la densité des corps laissés en Lorraine ou devant l'Alsace. Dans ces conditions, Hirson, Maubeuge, Lille et Dunkerque auraient été appelés à jouer un rôle identique à celui de Belfort, Epinal, Toul et Verdun (1).

Il n'en fut rien. Le total de nos forces, d'après le plan de concentration initial, dut faire face au nord-est. Nous allions mettre cinq armées sur pied. La 1re, général Dubail, dut se concentrer entre Belfort et la ligne générale Mirecourt, Lunéville, le 7e corps autour de Belfort, le gros aux environs d'Epinal; la 2e, général de Castelnau, entre cette ligne et la Moselle, le gros dans la région de Nancy et la gauche vers Toul; la 3e, général Ruffey, entre la Moselle et la ligne Verdun, Audun-le-Roman; la 5e général Lanrezac, entre cette ligne et la frontière belge. Le

---

(1) Général Maitrot, *Nos frontières de l'Est et du Nord*, p. 68. Ce passage paraît avoir été écrit en février 1912.

corps de couverture de gauche, le 2ᵉ, était non point face
à la frontière belge, mais dans la région de Montmédy,
Longuyon. Le gros de la 5ᵉ armée se tenait en arrière de
la ligne Verdun, Mézières et le quartier général était à
Rethel.

La 4ᵉ armée, général de Langle de Cary, devait rester
en réserve dans la région de Commercy, Sainte-Menehould. Enfin, un groupe de trois divisions de réserve,
sous les ordres du général Valabrègue, était vers Hirson,
avec mission d'y organiser une position défensive.

Ainsi, la presque totalité de nos forces allait faire face
directement et uniquement à l'Allemagne (1); la 4ᵉ armée
était même trop loin pour être portée en temps opportun sur la frontière belge. Il y avait là une situation de
nature à entraîner les plus graves conséquences.

On s'est efforcé de justifier ce dispositif en faisant intervenir divers motifs. La concentration française, semble-
t-il, aurait pu satisfaire à une double hypothèse : celle de
la violation et du respect de la neutralité belge par l'Allemagne. Il n'était évidemment pas impossible de trouver
une solution à deux fins. Mais, a-t-on dit, cette concentration mixte aurait été nécessairement plus faible qu'un
dispositif à un seul axe. La préméditation à la guerre est
une force. La concentration primitive partait de cette donnée que la politique, la diplomatie et l'honneur avaient
imposée à notre stratégie : Respecter la neutralité belge
jusqu'à ce que les Allemands la violent.

Cette volonté de respect, « il faut qu'elle soit évidente,
qu'elle apparaisse clairement aux alliés éventuels et aux

---

(1) *Note officielle du 24 mars 1915* en réponse aux assertions de
Bernhardi (F. Passelecq, p. 125); Ernest Rennauld, *Charleroi - Dinant -
Neufchâteau - Virton*, *Revue* du 1ᵉʳ/15 octobre 1916.

neutres. Le dispositif initial ne doit prêter à aucune ambiguité » (1).

Dans ce qui précède, M. Reinach nous paraît oublier qu'il s'agit pour la France d'une question de vie ou de mort. Qu'une solution à deux fins soit certainement inférieure à une solution simple, cela n'est pas douteux. Encore faut-il que cette solution simple ne soit pas absolument l'inverse de la solution juste. Entre le médiocre et le pire, le choix est aisé.

On pouvait respecter la neutralité belge, éviter même la moindre apparence du contraire, tout en prenant des précautions indispensables pour le cas infiniment probable où l'ennemi n'imiterait pas notre réserve. Un dispositif dans lequel notre gauche eût été renforcée et répartie en échelons d'armée jusqu'à la hauteur d'Hirson, par exemple, aurait pu être utilement adopté. L'essentiel était qu'on ne parût pas négliger des indices observés de tous les côtés et tous concordant à faire craindre une invasion au travers de la Belgique.

L'état-major de l'armée avait étudié les variantes qui devraient être apportées au plan de concentration dans les diverses hypothèses. Celle de la violation **du territoire** belge avait donc été sûrement envisagée. Mais toute modification aussi radicale d'un dispositif en cours de concentration implique un défaut d'équilibre momentané (2), outre un retard qui n'est pas négligeable. Il est bien certain que les modifications apportées à nos grands transports, alors qu'ils étaient déjà commencés, ne furent pas sans des résultats fâcheux.

---

(1) Joseph Reinach, p. 53. Cette dernière phrase confirme ce que nous avons dit d'une haute intervention survenue pour imposer cette solution.

(2) Général Malleterre, p. 85.

La violation de la neutralité du Luxembourg n'avait rien modifié à nos projets, bien qu'elle fût un nouvel indice. C'est seulement quand le territoire belge eût été violé et même lorsque le gouvernement du roi Albert réclama notre appui (4 août) (1), que le général en chef décida, dit-on, de modifier son plan.

L'action de la 2ᵉ armée dut s'étendre à l'est de la Moselle jusqu'à la région de Verdun; la 4ᵉ allait s'intercaler entre les 3ᵉ et 5ᵉ, sur la Meuse; enfin, la 5ᵉ devait « glisser » le long de la frontière belge jusqu'à la hauteur de Fourmies (2).

Deux corps de la 2ᵉ armée, les 18ᵉ et 9ᵉ, allaient être transportés de la région de Nancy vers Mézières et Hirson; on y porterait également les deux divisions du 19ᵉ corps (3) et la division du Maroc. Le 1ᵉʳ corps de cavalerie (4) recevait (5 août) l'ordre de pénétrer en Belgique pour reconnaître les colonnes allemandes et ralentir leurs mouvements (5). Mais ces escadrons étaient sans doute concentrés à portée de la Meuse et il devait s'écouler un temps très appréciable avant qu'ils fussent à même d'exécuter

---

(1) *Livre jaune*, n° 152; *Note du 24 mars 1915*, citée.

(2) Au sud de la Sambre, entre Hirson et Avesnes.
Voici comment M. Hanotaux résume les dispositions prises à ce moment : le général en chef déplace la 5ᵉ armée vers l'ouest, glisse la 4ᵉ entre la 5ᵉ et la 3ᵉ, jette l'armée anglaise à gauche de la 5ᵉ. Des renforts arrivent d'Algérie, du Centre, du Sud-Est; il les jette en soutien de la 5ᵉ armée ou à la gauche des Anglais; des divisions de réserve bouchent la trouée de Maubeuge. Une 6ᵉ armée est constituée, sous les ordres du général « d'Amade » et garde la ligne de « l'Escaut jusqu'à Dunkerque, entre Maubeuge et la mer » (*Le maréchal Joffre, Illustration* du 21 avril 1917). Ces derniers détails sont inexacts.

(3) Nous rappelons qu'il ne fut pas constitué comme tel et que ces divisions furent isolément rattachées à divers corps d'armée.

(4) Nous en avions constitué trois.

(5) *Note du 24 mars 1915*, citée.

leur mission, même au prix d'efforts ruineux pour les chevaux.

Le gouvernement belge s'efforçait de hâter notre intervention. Le 5 août, son ministre à Londres télégraphiait : « La concentration française commence aujourd'hui... Le généralissime est absolument décidé, si c'est nécessaire, à laisser écraser ses troupes de première ligne afin de laisser le temps à l'armée de prendre les positions qui lui sont assignées dans le plan stratégique auquel le généralissime entend ne rien changer. Seule la non-coopération de l'armée anglaise l'obligerait à étendre la gauche française. C'est pourquoi M. Cambon s'efforce actuellement d'obtenir du gouvernement anglais une décision rapide... » (1).

On voit qu'à ce moment on ignorait encore à Londres que notre plan de concentration dût subir une variante. C'est que, nous le verrons, la décision n'était pas arrêtée au grand quartier général. Si le télégramme du ministre belge donne une exacte idée de la situation, on nourrissait chez nous de singulières illusions sur le temps nécessaire aux Anglais pour opérer leur concentration ou sur celui qu'il faudrait aux Allemands pour traverser la Belgique. En tout état de cause, la présence à notre gauche de l'armée anglaise n'eût certes pas suffi à nous garantir du mouvement enveloppant dès lors en voie d'exécution.

Le 6 août, nouveau télégramme. Le ministre belge à Paris avait insisté au ministère des Affaires étrangères pour que notre action militaire fût accélérée. On lui répondait qu'une « troupe importante » était partie; plusieurs détachements étaient déjà en Belgique (2).

---

(1) 2ᵉ *Livre gris belge*, nº 26, 5 août.
(2) 2ᵉ *Livre gris belge*, nº 28, 6 août. Nous verrons ce qui en fut.

Nos transports de concentration commencèrent le
5 août, à midi; les plus urgents, ceux des éléments de
combat, furent terminés le 12 août, à la même heure,
après avoir exigé la mise en marche de 2.600 trains environ, dont 20 seulement subirent de légers retards. La
deuxième période s'étendit du 12 août, à 4 heures, jusqu'au 18, à minuit, date à laquelle les transports furent
terminés.

L'ensemble de la concentration avait exigé près de
4.500 trains en quatorze jours, sans les trains réservés
aux approvisionnements de siège. Cette opération compliquée s'était faite avec la plus grande régularité, bien
que la destination originelle de quatre corps d'armée eût
été changée après le début de la mobilisation (1).

Les parts de nos différents réseaux dans ces transports
étaient fort inégales. Celui du Nord n'avait eu à déplacer

---

(1) *Exposé de six mois de guerre*, p. 53; *Une guerre de chemins de
fer, Lectures pour tous*, du 1er avril 1915. D'après ce dernier document, 10.000 trains auraient porté en vingt jours 1.800.000 hommes
à la frontière. Il est probable que ce chiffre de 10.000 trains repré-
sente l'ensemble des transports de couverture, de mobilisation et de
concentration.

Le rapport de la Compagnie de l'Est à ses actionnaires (*Débats* du
7 juin 1915) porte 4.064 trains de troupes et de matériel pour la concentration, dont 388 le 9 août, 395 le 10, 384 le 11 et 34 seulement
le 19, 14 le 20. Du 2 au 8 août, on transporta en outre 40.000 ouvriers
étrangers, la plupart italiens, venant des bassins de Briey et de
Longwy. Pendant le mois d'août, 7.900 trains circulèrent sur le
réseau de l'Est pour ravitailler les armées, évacuer les blessés ou
effectuer des transports stratégiques; au total, près de 12.300 trains
militaires sur ce réseau et pour ce mois seul.

Au sujet de l'ordre pendant la concentration, cf. Marcel Dupont,
p. 5, décrivant la gare régulatrice de N... : « Quelle cohue et, malgré
tout, quel ordre et quelle précision dans ce formidable service....
Aucun désordre, aucune indiscipline... admirable calme ».

Voir également *Le Carnet d'un petit fourrier* (285e), *Revue hebd.*,
11 septembre 1915, p. 176, et Capitaine Rimbault, *Journal de campagne d'un officier de ligne*, p. 20.

que le 1ᵉʳ, partie du 2ᵉ et le 3ᵉ corps; l'Ouest-Etat, le 4ᵉ, parties des 10ᵉ et 12ᵉ; l'Orléans, parties des 5ᵉ, 8ᵉ, le 9ᵉ, partie du 10ᵉ, le 11ᵉ, partie du 12ᵉ, le 13ᵉ, les 16ᵉ, 17ᵉ et 18ᵉ; enfin, le Paris-Lyon-Méditerranée, parties des 5ᵉ, 7ᵉ et 8ᵉ corps, les 14ᵉ, 15ᵉ corps et les troupes d'Afrique. Le réseau de l'Est avait eu à terminer la presque totalité de ces transports.

Dans certains cas, nous avions obtenu des résultats dépassant les espérances les mieux fondées. Ainsi les 10, 11 et 12 août, le P.-L.-M. parvenait à transporter les deux divisions du 19ᵉ corps et les troupes de Tunisie, de Marseille dans le Nord de la France, tout en continuant les autres transports de mobilisation, de concentration et même le transfert à Marseille des bataillons territoriaux destinés au Maroc. En somme, ces résultats faisaient grand honneur au 4ᵉ bureau de l'état-major de l'armée, qui avait eu la haute direction des transports, et aux agents de tout ordre des compagnies de chemins de fer, qui s'étaient dépensés sans compter.

II

Nous avons vu que la réorganisation militaire en cours devait donner à la Belgique une armée de 350.000 hommes, mais que cet effectif serait atteint seulement en 1918. L'invasion surprit donc les Belges bien avant qu'ils fussent prêts à y résister. La concentration avait été prévue selon les idées les plus simplistes, sans qu'il fût tenu compte des probabilités. Chacune des 1ʳᵉ, 3ᵉ, 4ᵉ et 5ᵉ divisions devait remplir, en cas de besoin, le rôle d'avant-garde générale. Elles étaient donc concentrées sur chacune des directions dont l'attaque pouvait venir, dans

toutes les hypothèses admissibles, mêmes les moins vrai-
semblables.

La 1re division (Flandres) se concentrait à Gand, face à
l'Angleterre, comme si la Belgique avait eu à redouter
l'armée anglaise;

La 3e (Liége), à Liége, face à l'Allemagne;

Les 4e et 5e (Namur, Mons), face à la France, la 4^e
devant résister à une attaque venue de la vallée de la
Meuse, la 5e à une offensive venant de Maubeuge, Lille (1).
On remarquera que les Belges prenaient beaucoup plus
de précautions contre la France que contre l'Allemagne,
ce qui montre l'inanité de certaines accusations allemandes.

Quant aux 2e et 6e divisions, elles se concentraient à
Anvers et à Bruxelles.

Chacune des 1re, 3e, 4e et 5e divisions devait opposer
une première résistance si elle était attaquée, de façon
à permettre le transport des cinq autres sur la position
menacée. C'était donc une concentration à trois fins
qu'avaient prévu les Belges, en dépit des vraisemblances.

L'ultimatum allemand (2 août) ne changea rien pour
l'instant aux dispositions adoptées pour la concentration.
L'armée de campagne dut rester disséminée sur toute la
surface du pays et ordre fut donné aux postes des frontières d'ouvrir le feu sur toute troupe étrangère pénétrant
en Belgique.

Dans la nuit du 3 au 4 août, le gouvernement du roi
acquit la certitude que les Allemands entendaient traverser de vive force le territoire national. Ordre fut immédiatement donné de détruire les grands ouvrages d'art

---

(1) *L'action de l'armée belge*, p. 1 et suiv.; *La campagne de l'armée
belge*, p. 8 et suiv.

sur les voies de communication que pourrait utiliser l'ennemi. De plus, on avertit les gouverneurs militaires des provinces de ne plus considérer les mouvements des Français sur le territoire belge comme violant la neutralité (1).

La 3ᵉ division (2) eut pour instructions de résister à l'offensive allemande en prenant son point d'appui sur les fortifications de Liége. Sous sa protection, les autres divisions durent se concentrer face à l'envahisseur, exception faite de la 4ᵉ, qui reçut mission de rester sous Namur en vue de la défense de cette place.

La 1ʳᵉ division dut être portée de Gand sur Tirlemont, la 2ᵉ d'Anvers à Louvain, la 5ᵉ de Mons à Perwez, la 6ᵉ de Bruxelles à Wavre. Ces transports allaient être couverts par la division de cavalerie, concentrée à Gembloux et portée sur Waremme; par une brigade mixte de la 3ᵉ division (Liége) dirigée sur Tongres et, enfin, par une autre brigade de la 4ᵉ division (Namur) qui se porterait à Huy, entre Liége et Namur.

Cependant, le 4 août, à 10 heures du matin, les sénateurs et les députés étaient réunis dans la salle des séances de la Chambre. Le roi faisait son entrée et, montant au bureau, prononçait devant l'assemblée, debout, un discours accueilli par des acclamations enthousiastes. Il voulait encore espérer que l'invasion redoutée ne se produirait pas. « Si l'étranger, disait-il, au mépris de la neutralité dont nous avons toujours scrupuleusement observé les exigences, viole le territoire, il trouvera tous les Belges

---

(1) *L'action de l'armée belge*, p. 4.

(2) D'après *La campagne de l'armée belge*, p. 15-16, les effectifs réalisés seraient les suivants : 1ʳᵉ division, 14.000 fusils, 500 sabres, 48 canons, 18 mitrailleuses; 2ᵉ, 5ᵉ, 6ᵉ divisions, même effectif; 3ᵉ division, 18.500 fusils, 500 sabres, 60 canons, 24 mitrailleuses.

L'effectif de la 4ᵉ division n'est pas indiqué.

groupés autour du souverain, qui ne trahira jamais son serment constitutionnel, et du gouvernement investi de la confiance absolue de la nation tout entière (*Bravos sur tous les bancs*).

« J'ai foi dans nos destinées, un pays qui se défend s'impose au respect de tous; ce pays ne périt pas... » (*Très bien! Vive le roi! Vive la Belgique!*)

Ses derniers mots étaient : *Vive la Belgique indépendante!* et ce cri suprême devait éveiller un long écho dans toutes les âmes que n'avaient pas empoisonnées la propagande germanique.

Après le départ du roi, M. de Broqueville communiquait à l'assemblée l'ultimatum du 2 août et la lettre du 4 par laquelle le ministre d'Allemagne annonçait que son gouvernement se voyait « forcé d'exécuter — au besoin par la force des armes — les mesures de sécurité exposées comme indispensables vis-à-vis des menaces françaises » (1). Ainsi, de nouveau, les Allemands invoquaient des prétextes mensongers pour couvrir leur félonie vis-à-vis d'un peuple qui avait exagéré jusqu'au scrupule son respect de la neutralité.

Les mouvements de concentration commençaient le 4 août pour s'achever le lendemain. Ils s'exécutaient avec ordre, rapidité et régularité, partie par la route, partie par voie ferrée. Le roi prenait, en vertu de la constitution, le haut commandement de l'armée. Le matin du 6 août, elle était prête à faire mouvement, avec tous ses convois.

Elle comptait alors un effectif total de 117.000 hommes, complété ultérieurement par 18.500 volontaires qui furent versés aux troupes de campagne (2).

____

(1) Gaston Jollivet, *Six mois de guerre*, p. 22.
(2) *L'action de l'armée belge*, p. 5. D'après *La campagne de l'armée*

A ce moment, la ligne de conduite arrêtée pour l'armée belge était la suivante :

« I. *Toutes les fois que l'armée aura devant elle des forces très supérieures :*

« 1° Se maintenir le plus en avant possible sur de bonnes positions défensives barrant le chemin à l'envahisseur, de manière à soustraire la plus grande partie du territoire à l'invasion;

« 2° L'armée étant ainsi placée en avant-garde des armées françaises et anglaises, attendre sur ces positions que la réunion avec ces armées puisse s'opérer;

« 3° Si cette jonction n'est pas faite au moment de l'arrivée des masses ennemies, ne pas exposer l'armée à une perte certaine qui entraînerait nécessairement l'occupation du territoire, et pour cela :

« *a)* Eviter que l'armée livre seule une bataille contre ces masses;

« *b)* Eviter que l'armée se laisse envelopper et agir, au contraire, de façon à lui ménager toujours une ligne de retraite permettant sa réunion ultérieure avec les armées françaises et anglaises, en vue de l'action commune avec celles-ci.

« II. *Toutes les fois que l'armée n'aura devant elle que des forces égales :*

« Attaquer l'ennemi au moment le plus favorable, soit que ses positions soient trop étendues et insuffisamment organisées, soit qu'il se soit momentanément affaibli (1).»

---

belge, l'ensemble de l'armée de campagne comprenait, en combattants : 93.000 fusils, 6.000 sabres, 324 canons, 102 mitrailleuses.

(1) *L'action de l'armée belge,* p. 7.

III

Nous avons dit que, le 7 août, on comptait à Londres
commencer le 9 l'embarquement du corps expéditionnaire et terminer le débarquement vers le 15, en quatre
points de la côte française (1). La concentration s'effectuait, du 14 au 24 août, en arrière de Maubeuge (2). Elle
aurait exigé 420 trains (3).

Au sujet des conditions matérielles du débarquement
et du transport de cette armée, les données font actuellement défaut. Dans son rapport du 7 septembre 1914, le
maréchal French se borne aux indications suivantes :

« Le transport des troupes au départ d'Angleterre par
mer et par rail fut effectué dans le meilleur ordre et sans
aucun accident. Chaque unité arriva en France à sa destination au temps marqué.

« La concentration fut pratiquement complète le soir du
vendredi 21 et je fus à même de prendre des dispositions
pour le mouvement de l'armée le samedi 22, jusqu'aux
positions que je considérais comme les plus favorables
pour commencer les opérations que le commandant en
chef français, général Joffre, me demandait d'entreprendre en exécution de son plan pour la suite de la campagne » (4).

Il suit de ce qui précède que l'armée anglaise opérait
en liaison avec nos armées, sans être subordonnée au
général Joffre. Ce dernier ne pouvait adresser au maréchal French que des requêtes et non des ordres.

---

(1) *2ᵉ Livre gris belge*, n° 29, 7 août.
(2) *Note du 24 mars 1915*, F. Passelecq.
(3) *Une guerre de chemins de fer*, loc. cit., p. 764.
(4) *Naval and Military Despatches relating the operations in the
War*, I, p. 18.

Les forces britanniques ne comportèrent tout d'abord que deux corps d'armée à deux divisions, le 1er, sir Douglas Haig, et le 2e, Smith Dorrien, une division de cavalerie (général Allenby) à quatre brigades et une brigade isolée, la 5e.-La 4e division (3e corps) rejoignit avant la fin d'août sous les ordres du général Pulteney. La 6e division (3e corps) et le 4e corps ne rallièrent l'armée qu'en septembre et en octobre.

C'est le feld-marshall sir John French qui prenait le commandement de cette « méprisable petite armée », selon le mot célèbre de Guillaume II. Né le 28 septembre 1852, à Ripplevale, près de Douvres, French était fils d'un officier de marine. Il voulut, lui aussi, entrer dans la flotte (1865). Il avait alors 13 ans. Au bout de cinq ans, il reconnaissait qu'il s'était trompé de vocation et quittait la marine. Il eût désiré servir dans la cavalerie, mais il était trop âgé déjà pour entrer dans une école militaire. Il passa dans la milice comme officier et, après quatre années, selon l'usage, entrait dans l'armée régulière. En 1874, il était lieutenant au 19e hussards. Dix ans plus tard, le major French était envoyé en Egypte au moment où l'on préparait l'expédition pour la délivrance de Gordon, assiégé dans Khartoum. Le 16 janvier 1885, une des colonnes qui en était chargée subissait une attaque furieuse des Mahdistes, près d'Abu-Kléa et n'échappait à un désastre que grâce à une charge magnifique des hussards de French (1). Le jeune major ne se conduisait pas moins brillamment pendant la retraite qui suivait la chute de Khartoum et la mort de Gordon.

---

(1) C'est du moins ce qu'on a écrit à une date récente. Il ne paraît pas que le rôle de French à Abu-Kléa ait été en réalité aussi important (cf. capitaine Palat, *Campagne des Anglais au Soudan*, p. 54 et suiv.).

Il était rapidement lieutenant-colonel, puis colonel au 19ᵉ hussards qui devenait le régiment modèle de la cavalerie anglaise. Tout en s'occupant ainsi de ses escadrons, French étudiait les grandes guerres du passé et notamment les campagnes de Napoléon.

En 1895, il recevait mission de rajeunir les méthodes de combat de la cavalerie britannique et parvenait à réaliser une complète transformation de cette arme. Quatre ans après, il avait été promu brigadier général, puis major général, et commandait la cavalerie de la province de Natal, dans le Sud-Africain. La guerre du Transvaal éclatait en octobre. Dès le début, il se portait à Ladysmith, dont il cherchait à retarder l'investissement par d'habiles manœuvres. Il remportait à Elandslaagte (21 octobre 1899) l'un des succès les plus indiscutables de la campagne et parvenait finalement à s'échapper par le dernier train sorti de cette ville.

Le général sir R. Buller lui donnait ensuite mission d'arrêter les progrès inquiétants du général Schœman, entré le 14 novembre à Colesberg, dans la province du Cap. Des quatre colonnes formées à ce moment, trois subirent des échecs retentissants; seule, celle de French accomplit une tâche d'ailleurs facile.

En février 1900, il parvint en cinq jours à dégager Kimberley, après une marche audacieuse de 160 kilomètres, dans un terrain difficile et parcouru par l'ennemi. Il avait dû user jusqu'à l'extrême les forces de ses chevaux, ce qui ne l'empêcha pas, au retour, de fermer au général Cronje la seule issue qui lui restât et de provoquer ainsi sa capitulation à Paardeberg, le 27 février (1).

____

(1) Cf. Capitaine Fournier, *La guerre sud-africaine*, III, p. 10 et suiv.

Le général French ne rentra en Angleterre qu'en juillet 1902. Pendant près de cinq ans, il commanda à Aldershot et s'occupait activement de perfectionner les rouages de l'armée anglaise. En décembre 1907, il devenait inspecteur général de l'armée et, en 1912, chef de l'état-major général. En mars 1914, il se retirait volontairement dans ses terres, à la suite de la retraite du ministre. C'est là que le trouvait la déclaration de guerre.

On a dit de lui que toute sa carrière était un exemple de ce que peuvent le bon sens, la méthode et la volonté (1). Ajoutons qu'il avait donné des preuves palpables d'énergie, de décision et de coup d'œil. L'armée anglaise, semblait-il, ne pouvait être mise dans de meilleures mains.

---

(1) *Le maréchal French, Lectures pour tous*, 1ᵉʳ mai 1915.

CHAPITRE VII

LES OPÉRATIONS SOUS LIÉGE

Premiers faits de guerre sur la frontière franco-allemande. — Les
Allemands sous Liége. — Prise de la ville. — Atrocités allemandes
en Belgique.

I

Les Allemands commençaient les hostilités contre la
France avant toute déclaration de guerre (1). Ils pénétraient, le 2 août, en territoire français, à Long-la-Ville,
près de Longwy, et n'étaient arrêtés que par le canon de
cette petite place. Plus au sud, des cavaliers passaient la
frontière à Circy-sur-Vezouze, puis occupaient un instant
Bertrambois pour être bientôt refoulés. Un escadron faisait irruption à Suarce, près de Petite-Croix, au moment
où s'opérait la réquisition des chevaux, et les emmenait
avec leurs conducteurs. Une reconnaissance du 5ᵉ chasseurs arrivait au galop dans Joncherey. Un officier tuait
d'un coup de revolver le caporal commandant le poste et
était lui-même tué aussitôt.

Le 3 août, un aéroplane allemand jetait trois bombes
dans Lunéville. Le lendemain, comme nous le verrons
bientôt, les troupes allemandes entraient en Belgique à
l'est de Liége. Des cyclistes et de la cavalerie pénétraient
en France par Moncel, au sud de Morhange; des uhlans
poussaient jusqu'à Réméréville, où avait lieu une escar-

---

(1) Cf. *Livre jaune*, n° 139, **M. Viviani à M. Jules Cambon**, 2 août
1914. La déclaration de guerre est du soir du 3 août (*ibid.*, p. 166).

mouche. Les croiseurs *Breslau* et *Gœben* bombardaient dans la matinée, l'un Bône, l'autre Philippeville. Les dégâts étaient de peu d'importance et l'alliance anglaise ôtait tout intérêt à cette agression. Les deux croiseurs allemands allaient bientôt se réfugier dans le Bosphore, où un achat fictif, que les alliés avaient le tort de tolérer, les faisait passer sous les couleurs ottomanes. Ainsi commençait la longue série des fautes que l'Entente devait entasser dans les Balkans jusqu'à l'heure présente, avec les conséquences que le monde entier connaît.

Le 5 août, nouvelle escarmouche à Norroy-le-Sec, près de Briey. Des dragons allemands étaient surpris par nos cavaliers et perdaient cinq tués et deux blessés; à l'autre extrémité de la frontière, à Rechésy, près de la Suisse, notre cavalerie surprenait une patrouille allemande, lui tuait trois cavaliers, en prenait deux et refoulait le reste en Suisse.

Derrière ces reconnaissances et ces escarmouches, les Allemands dissimulaient des intentions plus sérieuses, a-t-on dit. Le *Temps* du 4 août écrivait :

« Tous les renseignements parvenus dans la nuit et ce matin permettent de ne garder aucun doute sur le sens de l'effort qui a été tenté hier par l'Allemagne.

« Le but était, si nos troupes de couverture s'étaient trouvées insuffisantes, de porter sur Nancy une attaque foudroyante.

« La constitution solide de notre couverture et l'accueil vigoureux réservé aux reconnaissances allemandes, paraissent avoir déterminé l'abandon momentané de ce plan... » (1).

---

(1) Version confirmée par le rapport officiel (*Quatre mois de guerre*, général Malleterre, *loc. cit.*, p. 253 : « Au moment où la guerre

Les données publiées jusqu'ici sur les premiers jours de la guerre ne permettent pas de savoir ce qu'il y a de fondé dans cette information. Elle n'a d'ailleurs rien d'invraisemblable, sauf que les Allemands paraissent avoir abandonné bien aisément un projet dont ils auraient attendu sans doute des résultats importants, s'il avait pu être réalisé.

II

Les forts de la Meuse ont été construits par Brialmont, de 1888 à 1891, après les célèbres expériences de La Malmaison. Il tint grand compte des résultats obtenus en cette occasion, ainsi que le montre un livre publié en 1888 par lui : *L'influence du tir plongeant et des obus-torpilles sur la fortification*.

Ces ouvrages étaient destinés à constituer les camps retranchés de Liége et de Namur, alors dépourvus de tout fortification sérieuse. Ils furent construits surtout en application de deux principes : remplacement des maçonneries voûtées par des massifs de béton très épais; mise en batterie des canons derrière des cuirassements ou dans des coupoles tournantes, à l'exclusion de tout emplacement découvert.

Le général comptait ainsi assurer aux forts détachés un rôle prépondérant du début jusqu'à la fin du siège, contrairement au système allemand qui ne les faisait

commence, l'Allemagne garde l'espoir d'un coup heureux sur Nancy. Elle n'ose le risquer en présence de la solidité de notre couverture, puissamment renforcée, comme on sait, à la fin de 1913. »

Voir également un communiqué français du 15 août (Gaston Jollivet, p. 47) : « ...Cette double attaque brusquée a échoué.

« Celle qui devait être dirigée sur Nancy s'est à peine dessinée. La force de notre couverture a déterminé les Allemands à y renoncer... ».

entrer en jeu qu'à la fin de l'attaque rapprochée et les considérait simplement comme les *mères nourrices* des batteries construites dans leurs intervalles (1).

D'une manière générale, les forts de la Meuse étaient armés de canons courts ou longs, de calibres variant entre 120 et 210 $^m/_m$. Tous étaient cuirassés et susceptibles d'entretenir la lutte aux plus grandes distances comme aux plus courtes. En outre, chaque fort comportait un certain nombre de pièces de 57 $^m/_m$ à tir rapide, disposées dans de solides tourelles et destinées à assurer la défense rapprochée ainsi que le flanquement des fossés, de concert avec les mitrailleuses et l'infanterie. Il existait enfin des observatoires cuirassés et des projecteurs électriques, également sous cuirasse. Les fossés étaient profonds et relativement étroits.

Les dimensions de ces ouvrages variaient selon leur emplacement, comme il était naturel. Ainsi, sous Liége, les forts Loncin, Pontisse, Barchon, Fléron, Boncelles, Flémalles étaient de grandes dimensions, de forme triangulaire ou quadrangulaire. Les autres étaient plus petits.

Tous devaient prouver qu'ils étaient amplement capables de repousser une attaque brusquée à la Sauer, sans être toutefois à même de résister aux pièces de gros calibre comme les Allemands et même les Autrichiens allaient en établir en face d'eux.

Le matin du 4 août, dès 6 heures du matin, deux divisions de cavalerie allemande (2ᵉ et 4ᵉ), franchissaient la frontière belge près de Herve. Evitant par le nord la « position fortifiée » de Liége, elles poussaient vers la

---

(1) *Le système des forts de la Meuse, Illustration* du 15 août 1914. p. 126. D'après M. Hanotaux, III, p. 251, la garnison de chaque fort variait de 300 à 600 hommes environ.

Meuse (1). Arrivées à Visé, elles trouvaient le pont détruit
et les passages du fleuve gardés par un bataillon (2ᵉ du
12ᵉ de ligne).

Celui-ci tenait tête à ces forces très supérieures, soute-
nues par de l'infanterie transportée en automobiles. Les
cavaliers allemands appuyaient au nord et deux régiments
de hussards allaient passer la Meuse aux gués de Lixhe.
Débordé, le bataillon belge se repliait sur les forts de
Liége.

Derrière la cavalerie, des troupes de toutes armes appartenant aux VIIᵉ, VIIIᵉ, IXᵉ, Xᵉ, XIᵉ corps étaient entrées
également en Belgique. Le VIIᵉ venait d'Aix-la-Chapelle,
le IXᵉ d'Essen, le Xᵉ de Malmédy, Stavelot. Dans l'après-
midi du 4, leurs têtes de colonne atteignirent le front
Bombaye, Herve, Pépinster, Remouchamps. Plus en
arrière, la concentration des IIIᵉ et IVᵉ corps (2) était
signalée à Saint-With et au nord, c'est-à-dire à quinze
kilomètres environ au sud de Malmédy. Ainsi sept corps
d'armée actifs, indépendamment des corps de réserve
dont le débarquement n'était pas encore annoncé, allaient
se grouper sur les routes d'invasion barrées par la place
de Liége. C'était un effectif de 300.000 hommes environ (3).

---

(1) D'après *L'action de l'armée belge,* p. 11, et le *communiqué belge*
du 8 août, 11 h. 30.

(2) Une brigade du IVᵉ corps (14ᵉ) bivouaquait le soir du 11 août
près de Massonheid. Le 5 août, le 165ᵉ se portait sur le fort de
Chaudfontaine en renfort (Récit d'un sergent allemand, *Débats* du
19 août 1914).

(3) D'après le général Malleterre (*op. cit.,* p. 274-275), la Iʳᵉ armée
(von Klück) comprenait les IIᵉ, IIIᵉ, IVᵉ, IXᵉ corps actifs, les IIIᵉ,
IVᵉ, IXᵉ corps de réserve et une forte cavalerie (général von Marwitz).

La IIᵉ armée (von Bülow) : les VIIᵉ, Xᵉ corps actifs, la garde, les
VIIᵉ, Xᵉ corps de réserve, la réserve de la garde et le corps de cavalerie von Falkenhayn.

Si les numéros mentionnés par les **documents d'origine belge** sont

La ville de Liége (140.000 habitants en 1891) a une extrême importance de par sa situation topographique et géographique. Elle s'élève près du coude où la Meuse, qui depuis Namur coulait au nord-est, reprend sensiblement la direction du nord; elle est située à cheval sur une boucle du fleuve, au pied des hauteurs que couronne la citadelle, sur la rive gauche. La masse principale de la ville est sur la rive droite, au confluent de la Meuse avec l'Ourthe et la Vesdre, en aval de celui de l'Amblève et de l'Ourthe.

Les forts sont construits autour d'elle, à une distance du centre comprise entre 9.150 et 7.285 mètres. Leurs intervalles varient également, de 1.645 mètres entre les fortins d'Embourg et de Chaudfontaine, à 6.400 entre le fort de Boncelles et le fortin d'Embourg.

La grande ligne ferrée de Paris en Allemagne par Erquelines et Cologne se rattache à Liége à des voies

---

exacts, Liége fut attaqué par une fraction de la Ire armée (IIIᵉ, IVᵉ, IXᵉ corps), par des fractions de la IIᵉ armée (VIIᵉ, Xᵉ) corps) et de la IIIᵉ (von Hausen) (XIᵉ corps); le VIIIᵉ corps, dont l'affectation n'est pas indiquée par le général Malleterre (*loc. cit.*), aurait sans doute fait partie de l'armée de la Meuse.

Voici comment un communiqué allemand du 18 août, signé du général von Stein, expose la genèse de l'opération sur Liége :

Avant la déclaration de guerre, des officiers français, et peut-être aussi des troupes, avaient été envoyés à Liége avec mission d'instruire les troupes belges dans le service des forts. On jugea qu'il était impossible de tolérer cette infraction à la neutralité, et six faibles brigades, avec un peu de cavalerie et d'artillerie, furent jetées sur la ville *avant d'être mobilisées*. Elles s'en emparèrent, avec l'appui de deux régiments mobilisés. « Les pièces les plus faibles de notre artillerie lourde obligèrent, au bout de peu de temps, les forts qu'elles avaient bombardé de se rendre... Depuis, les forts ont été déblayés et sont maintenant réorganisés pour la défense.... » Il y a dans ce communiqué à peu près autant de mensonges que de mots. Notons que l'ultimatum allemand ne faisait pas mention de ce fait précis, l'envoi d'officiers français à Liége, bien qu'il eut son importance.

On sait qu'il était absolument faux.

secondaires qui rayonnent sur Maëstricht, Louvain, le grand-duché de Luxembourg et l'Ardenne belge. Le 5 août l'ennemi jeta un pont à Lixhe et un parti de cavalerie fit son apparition à Tongres, sur la rive gauche de la Meuse. En même temps, un régiment de cavalerie se heurtait au sud de Liége, à Plainevaux, contre un escadron du 2ᵉ lanciers belge, qui chargeait bravement et perdait dans ce combat inégal les deux tiers de son effectif (1).

Dans la matinée, un parlementaire se présentait au général Leman, gouverneur de Liége, et le sommait de livrer passage. Sur un refus catégorique, les Allemands entamèrent l'attaque de vive force des forts de Chaudfonfontaine, Fléron, Evegnée, Barchon et Pontisse.

Une nombreuse artillerie lourde, composée, dit-on, d'obusiers de 15 %ₘ et de mortiers de 21 %ₘ, bombarda les ouvrages belges. Certaines batteries allemandes cherchèrent à éviter la riposte des forts en s'entourant d'un cordon d'habitants, parmi lesquels des femmes et des enfants (2) : acte dont la vile lâcheté pourrait être difficilement surpassée. L'infanterie se porta ensuite à l'attaque. Dans l'intervalle de Fléron - Chaudfontaine, elle poussait encore devant elle un rideau d'habitants.

Entre le fort de Barchon et la Meuse, les Allemands parvinrent à forcer les lignes belges. Mais une énergique contre-attaque de la 11ᵉ brigade, conduite par le général

---

(1) *L'action de l'armée belge*, p. 12. Dans une proclamation, le général von Emmich, commandant l'*armée de la Meuse*, annonçait qu'il était obligé d'entrer en Belgique, « à son plus grand regret..., la neutralité de la Belgique ayant été déjà violée par des officiers français qui, sous un déguisement, ont passé en automobiles ». V. *supra*, p. 13.

(2) *La campagne de l'armée belge*, p. 24.

Bertrand, les rejeta en désordre (1) au delà de leurs positions de départ. Le colonel Dusart, du 11ᵉ de ligne, fut tué en conduisant la charge. Sur le reste du front, les assaillants étaient repoussés avec des pertes sanglantes. L'attaque du secteur Vesdre, Meuse avait complètement échoué.

Les Allemands portèrent alors leurs efforts sur le secteur Ourthe, Meuse, qu'ils attaquèrent violemment dans la nuit du 5 au 6 août. En même temps, un détachement ennemi tentait une surprise traîtresse sur le lieutenant général Leman. En l'absence de toute enceinte, il arrivait aisément jusqu'au quartier général. Mais ce coup audacieux échouait. Tous les Allemands qui y avaient pris part étaient tués et l'état-major du général Leman ne perdait qu'un officier (2).

Entre l'Ourthe et la Meuse, le Xᵉ corps faisait reculer les défenseurs des intervalles. Les éléments disponibles de la 12ᵉ brigade, la 9ᵉ appelée en renfort, la 15ᵉ accourue de Huy (4ᵉ division, Namur) effectuèrent de violents retours offensifs. L'artillerie du Xᵉ corps canonnait déjà le pont d'Ougrée; l'infanterie ne put résister à l'élan des Belges. Des fuyards refluèrent jusqu'à Spa, à vingt kilomètres en arrière (3).

Depuis le 4 août, la 3ᵉ division avait combattu successivement sur tous les points d'un périmètre de 50 kilo-

---

(1) Voir le récit d'un sergent allemand du 165ᵉ (IVᵉ corps), d'origine alsacienne (*Débats* du 19 août 1914) : Le 5 août, il voyait un flot de fuyards venant de la direction du fort de Chaudfontaine. Son bataillon se retirait jusqu'à Goffontaines, à une dizaine de kilomètres, où il cantonnait.

(2) D'après le commandant de Gerlache (*op. cit.*, p. 41), dans la nuit du 5 au 6 août, 2 officiers et 8 cavaliers allemands auraient pénétré jusqu'au quartier général et tenté d'assassiner Leman. Son aide de camp fut tué en cherchant à le protéger.

(3) *La campagne de l'armée belge*, p. 25.

mètres, repoussant un ennemi très supérieur en nombre par des prodiges d'endurance et de bravoure. Elle était à bout de souffle (1) et risquait de se voir enfermer dans Liége, sans profit pour la défense du pays. Le gouverneur estima que les ouvrages ne pouvaient plus jouer que le rôle de forts d'arrêt (2), et que le moment était venu de porter la 3° division auprès du gros de l'armée. Il prescrivit de la rassembler sur la rive gauche de la Meuse, entre les forts de Loncin et d'Hollogne. Lui-même se rendit au fort de Loncin, le 6, vers midi, pendant que la division se dirigeait sur Hollogne et Hannut.

La marche de ces troupes ne fut guère inquiétée que par quelques partis de cavalerie. L'un d'eux tenta une attaque à Hollogne. Pris entre un escadron de lanciers et une compagnie cycliste, il fut détruit. Cet exemple suffit et les patrouilles allemandes ne se départirent plus d'une prudente réserve.

Depuis le 5, pourtant, la masse de cavalerie dont nous avons parlé s'était groupée sur la rive ouest de la Meuse, vers Lixhe. La division de cavalerie belge suffisait, dit-on, à la tenir en respect, malgré l'extrême infériorité numérique.

Le 8 août, la 3° division et la 15° brigade mixte ralliaient l'armée belge sur la Gette. La veille, le Roi avait adressé aux troupes un ordre du jour dans lequel il saluait, « au nom de la nation », les défenseurs de Liége : « Vous avez fait honneur à nos armes et montré à l'ennemi ce qu'il en coûte d'attaquer injustement un peuple paisible, mais qui puise dans sa juste cause une force invincible; la Patrie a le droit d'être fière de vous.

---

(1) *La campagne de l'armée belge*, p. 26, donne la liste de 14 officiers tués.

(2) Lettre du général Leman au Roi, *ibid.*, p. 28-29.

« Soldats de l'armée belge, n'oubliez pas que vous êtes l'avant-garde des armées immenses de cette lutte gigantesque et que nous n'attendons que l'arrivée de nos frères d'armes pour marcher à la victoire » (1).

Certes, l'accueil fait à la 3ᵉ division et à la 15ᵉ brigade était amplement mérité. Elles avaient glorieusement accompli une tâche difficile entre toutes, en arrêtant du matin du 4 à celui du 6 un ennemi infiniment supérieur en nombre et à qui tous les moyens étaient bons (2).

L'attaque brusquée du 4 au 6 août n'avait pas donné les résultats attendus par les Allemands. L'un de leurs officiers avait dit la veille : « Guerre pour rire! » et le Kaiser : « Je traverserai la Belgique aussi aisément que je remue la main » (3).

Les forts de Liége, laissés à eux-mêmes, résistèrent encore quelques jours. Les derniers tombèrent les 16 et 17 août, bien que, dès le 7, un télégramme allemand eût annoncé la chute de la *place forte de Liége* (4).

---

(1) *L'action de l'armée belge*, p. 13.

(2) Voir l'énumération du commandant de Gerlache (*op. cit.*, p. 41) : emploi abusif de drapeau blanc et de l'insigne de la Croix rouge, civils belges utilisés comme boucliers devant des colonnes d'assaut, simulacres de redditions dissimulant l'action des mitrailleuses, etc. Le bulletin français du 9 août, 11 h. 30, mentionne à la suite de ces infractions le cas de l'attaché militaire allemand à Bruxelles se comportant en espion véritable, essayant d'acheter les renseignements qu'on lui refusait, se rendant à Liége pour reconnaître la place sous prétexte de remplir le rôle de parlementaire. Il faut en conclure que cet attaché militaire avait été toléré à Bruxelles après le rejet de l'ultimatum allemand, chose au moins bizarre.

(3) Joseph Reinach, *op. cit.*, p. 80.

(4) « La place forte de Liége est tombée. La division qui investissait la forteresse ayant été renforcée, l'assaut final a été donné. Ce matin, à 8 heures, la place était aux mains des Allemands.... » Le 10 août, nouveau communiqué : Liége est *complètement* tombé au pouvoir des Allemands qui ont fait de 3.000 à 4.000 prisonniers, bien que la place fût défendue par *un quart* de l'armée belge. Le

Dans les journées qui suivirent immédiatement le départ de la 3e division, ils canonnèrent toutes les troupes passant dans leur rayon d'action. Pour les réduire, l'ennemi eut recours à ses pièces de 28 et de 42 %, ainsi qu'aux obusiers autrichiens de 30 % 5. Ainsi l'Autriche-Hongrie aidait sa complice à réduire un peuple inoffensif, auquel son gouvernement devait déclarer la guerre seulement le 28 août.

Le bombardement commença le 12 août, vers midi. Il s'adressa d'abord aux ouvrages de la rive droite et s'étendit ensuite à ceux de la rive gauche. Les résultats furent bientôt tels que la chute complète de Liége s'annonça prochaine. Déjà, d'ailleurs, l'ennemi avait pénétré dans la ville, grâce à l'absence de noyau fortifié (1).

Le gouvernement allemand jugeait le moment venu d'une dernière tentative auprès du malheureux peuple qu'il avait si sauvagement attaqué. Le 9 août, le ministre belge à La Haye écrivait à M. Davignon (2) : « ...La forteresse de Liége a été prise d'assaut après une défense courageuse. Le gouvernement allemand regrette très pro-

---

même jour, un télégramme du chef d'état-major général reconnaît qu'une partie des forts est encore occupée. « Mais ils ne tirent plus. Sa Majesté n'a pas voulu prodiguer le sang de nos soldats par un assaut des forts. On peut attendre l'arrivée de l'artillerie lourde pour les bombarder successivement et tranquillement, sans sacrifier un homme..,. » (La grande guerre. Recueil des documents officiels, série I, p. 69, 96, 98.)

(1) D'après le communiqué belge du 8 août, les Allemands auraient été rejetés de la ville le 5 août, mais ils paraissent y être rentrés le 6 ou le 7. Un décret du 7 août conférait la croix de la Légion d'honneur à la ville de Liége. Il était peut-être provoqué par la fausse nouvelle de la prise de Liége, télégraphiée à Berlin le 7. Le communiqué belge du 11 et le bulletin français du 12, 15 heures, portent qu'aucun fort n'est tombé aux mains de l'ennemi.

(2) Le ministre hollandais des Affaires étrangères le priait de transmettre ces informations, le ministre d'Amérique à Bruxelles s'y refusant. En ce cas, la Hollande sortait quelque peu de la neutralité.

fondément que, par suite de l'attitude du gouvernement belge contre l'Allemagne, on en est (*sic*) arrivé à des rencontres sanglantes. L'Allemagne ne vient pas en ennemie en Belgique, c'est seulement par la force des événements qu'elle a dû, à cause des mesures militaires de la France, prendre la grave détermination d'entrer en Belgique et d'occuper Liége comme point d'appui pour ses opérations militaires ultérieures. Après que l'armée belge a, par sa résistance héroïque contre une grande supériorité, maintenu l'honneur de ses armes, le gouvernement allemand prie le roi des Belges et le gouvernement belge d'éviter à la Belgique les horreurs ultérieures de la guerre. Le gouvernement est prêt à tous accords avec la Belgique qui peuvent se concilier avec son conflit avec la France. L'Allemagne assure encore solennellement qu'elle n'a pas l'intention de s'approprier le territoire belge et que cette intention est loin d'elle. L'Allemagne est toujours prête à évacuer la Belgique aussitôt que l'état de guerre le lui permettra.

« L'ambassadeur des Etats-Unis avait prié son collègue de se charger de cette tentative de médiation. Le ministre des Affaires étrangères a accepté sans enthousiasme cette mission. Je m'en suis chargé pour lui faire plaisir » (1).

La forme embarrassée et tortueuse de ce document valait le fond. Le gouvernement allemand mêlait la lourde flatterie à la menace voilée pour obtenir que la Belgique renonçât à défendre sa neutralité. Il osait encore nous imputer la responsabilité première de sa traîtrise. Mais il n'allait pas jusqu'à reprocher aux Belges envahis et sanglants d'avoir eux-mêmes violé leur neutralité.

Le gouvernement belge répondait dignement à cette

---

(1) *Livre jaune*, p. 207, Le baron Fallon à M. Davignon, 9 août.

offre audacieuse : « La proposition que nous fait le gouvernement allemand reproduit la proposition qui avait été formulée dans l'ultimatum du 2 août. Fidèle à ses devoirs internationaux, la Belgique ne peut que réitérer sa réponse à cet ultimatum, d'autant plus que, depuis le 3 août, sa neutralité a été violée, qu'une guerre douloureuse a été portée sur son territoire et que les garants de sa neutralité ont loyalement et immédiatement répondu à son appel » (1).

Toute l'incompréhension de l'Allemagne pour la psychologie des autres nations ressort de cet incident.

Cependant, les forts de Liége étaient soumis à un feu terrible depuis le 12 août. Le 14, dans l'après-midi, apparaissaient devant eux des obusiers de 42 ‰, ceux-là même que, dans leur balourdise germanique, nos adversaires baptisèrent *die fleissige Bertha* (la laborieuse Bertha), peut-être du nom de la fille du légendaire M. Krupp. Ces monstrueux engins projetaient un obus pesant près de mille kilogrammes. Le passage dans l'air de ce projectile produisait près du point de chute « le bruit d'un ouragan furieux qui se terminait par un coup de foudre terrifiant; de gigantesques nuages de poussière et de fumée s'élevaient alors au-dessus du sol qui tremblait » (2).

Un peu après 17 heures, le 14 août, le fort de Loncin sautait, ensevelissant sous ses ruines les huit dixièmes de la garnison. Le général Leman, trouvé évanoui dans les décombres, était fait prisonnier sans qu'il se fût rendu. Les Allemands savaient du moins reconnaître sa belle

---

(1) *Livre jaune*, p. 208, M. Davignon au baron Fallon, 12 août.
(2) Rapport du général Leman, commandant de Gerlache, *op. cit.*, p. 44. L'obusier de 420 qui tirait sur Loncin était en pleine ville de Liége, à l'angle du parc d'Avray (Célestin Demblon, *La guerre à Liége*, p. 410, cité par Hanotaux, III, p. 251).

défense en lui laissant son épée. Le 15 août, avant de partir pour la captivité, il adressait au Roi une lettre où apparaît sa noblesse d'âme : « En Allemagne, où je vais être dirigé, mes pensées seront ce qu'elles ont toujours été : la Belgique et son roi. J'aurais volontiers donné ma vie pour les mieux servir, mais la mort n'a pas voulu de moi » (1).

Outre les garnisons des forts, un détachement de 800 hommes environ (2), que n'avait pas touché l'ordre de repli, se maintint au plateau du Rond-Chêne, au nord d'Embourg, entre l'Ourthe et la Vesdre, jusqu'au soir du 13 août. Constamment harcelé par des fractions du VIIe corps, il leur fit des prisonniers et leur causa d'autres pertes. Le 13, il était presque cerné. L'ennemi occupait Chênée et menaçait le plateau, déjà bombardé par des pièces de siège.

Le commandant du détachement, sachant depuis le 7 août le départ de la 3e division, décida de s'échapper en contournant Liége par le sud, de façon à gagner Awans, point désigné par un ordre du général Leman. Dans la nuit, il passa l'Ourthe, se glissa dans les bois et atteignit la Meuse. Le pont de Seraing était coupé, mais celui du Val-Benoît permettait encore le passage homme par homme. La petite colonne arriva ainsi à Awans, le 14 août, à 3 heures. De là, après un court repos, elle alla disperser les troupes allemandes qui travaillaient à des retranchements à proximité du fort de Loncin, dont le bombardement commençait.

Puis on continua sur Namur, où 602 hommes arrivèrent le 16 août, 52 heures après avoir quitté les abords

---

(1) Commandant de Gerlache, p. 46.
(2) 1er bataillon du 34e et 8e du 14e.

de Liége. Ils avaient été accompagnés jusqu'à Awans par sept prisonniers allemands qui, à aucun moment, ne firent le moindre effort pour s'échapper, bien que les occasions fussent propices (1).

Les Allemands avaient beaucoup souffert devant Liége. Les Belges leur avaient pris deux drapeaux et leurs pertes avouées auraient été de 42.712 hommes (2), l'effectif d'un corps d'armée. Cette résistance faisait grand honneur au brave Leman, à la garnison et à l'armée belge qui obtenait ainsi un résultat de premier ordre : ralentir les Allemands dans leur ruée folle sur la France. Peut-être, sans la défense de Liége, le cours des événements aurait-il été entièrement changé.

III

En juillet 1900, à Bremerhaven, lors du départ d'un premier contingent de troupes allemandes pour la Chine, Guillaume II lui adressait une allocution dont la version officielle contient le passage suivant : « Puisse, après mille années, le nom de l'Allemagne être si connu en Chine qu'aucun Chinois n'osera même plus regarder de travers un Allemand » !

En réalité, le texte original était beaucoup plus violent.

D'après le *Berliner Tageblatt*, il portait : « On ne fera pas de quartier, on ne fera pas de prisonnier; que celui qui vous tombe entre les mains soit perdu! De même que

---

(1) *Campagne de l'armée belge*, p. 3o.

(2) *Campagne de l'armée belge*, p. 3o. Le commandant de Gerlache (p. 42) écrit même 60.000 hommes. Le bulletin français du 8 août, 11 h. 3o, mentionne 5.000 morts, 24 canons pris, 2 pièces lourdes détruites, un général prisonnier. Le bulletin français du 13 août, 10 heures, annonce la prise par les Belges autour de Liége de plus de 2.000 prisonniers allemands qui seront internés en France.

les Huns, il y a mille ans, sous le roi Eitel, se sont fait
un renom qui vit aujourd'hui encore dans l'histoire et
dans la légende, de même que, dans mille ans, le nom
allemand soit caractérisé par vos actes, de telle sorte que
jamais un Chinois n'ose regarder un Allemand de travers » (1).

Dans ce cas, évidemment, la terreur est érigée en système de guerre. Guillaume II y voyait un puissant moyen
d'action et tout donne à croire qu'il fut scrupuleusement
obéi. Lors de l'invasion des Allemands en Belgique, on
put constater que les procédés dont il menaçait les Chinois, en 1900, restaient en vigueur devant une population
paisible qui, la veille, nourrissait pour l'Allemagne mieux
que des sentiments de bon voisinage (2). Les crimes
contre les personnes, la dévastation des propriétés privées
étaient, la plupart du temps, non le fait de la brutalité
individuelle, mais d'un système prémédité et voulu. Les
preuves en sont très nombreuses (3). Deux phrases du
maître actuel de la Belgique, général von Bissing, sont
typiques à cet égard : « L'accomplissement rigoureux du
devoir est l'émanation d'une haute civilisation » (août
1914); « Un jour viendra où l'on verra que la guerre en
Belgique, ainsi que nos procédés de guerre en ce pays,
étaient inévitables » (4).

---

(1) G. Lacour-Gayet, *Faites-vous la réputation des Huns et d'Attila.*
Revue hebdomadaire, 1er mai 1915, p. 62.

(2) Ce n'est un secret pour personne que les sympathies d'une
grande partie de la Belgique, surtout dans les Flandres, allaient
plutôt à l'Allemagne qu'à la France révolutionnaire et athée.

(3) Cf. Pierre Nothomb, *Les Barbares en Belgique et la Belgique
martyre;* H. Davignon, *Les procédés de guerre des Allemands en Belgique;* G. Somville, *Vers Liége. Le chemin du crime. Août 1914.*
Ce dernier ouvrage est le résultat d'une enquête personnelle et appro-
fondie d'un journaliste liégeois.

(4) H. Davignon, *Sur les pas de l'invasion en Belgique : Autour de*

Dès l'entrée des Allemands dans ce territoire neutre, le 4 août au matin, des attentats contre la population civile se produisent. Ainsi le rapport de la Commission d'enquête désignée par la Chambre anglaise des Communes signale que, le jour même, à Herve, un témoin voit arriver cinq cavaliers, suivis d'un officier et de quelques hommes en automobile. L'un d'eux appelle deux jeunes garçons arrêtés à une trentaine de mètres. Intimidés, ils s'enfuient. Les Allemands tirent et tuent l'un d'eux.

Mais le véritable règne de la terreur ne commence que le 5, avec la résistance énergique des forts de Liége. Il y a trente kilomètres entre cette ville et la frontière. Les Allemands y donnent toute la mesure d'une férocité disciplinée.

Avant d'entrer en Belgique, les officiers ont tenu aux troupes des propos qu'un témoin allemand a ainsi résumés : « Que rien ne vous arrête! La Belgique a osé nous déclarer la guerre; plus vous serez terribles, plus vite vous passerez et plus tôt viendra la victoire. Epargnez seulement les gares de chemin de fer; elles nous seront plus utiles que les cathédrales! » En somme, c'est toujours le « *Not kennt kein Gebot*, nécessité n'a pas de loi », du chancelier von Bethmann-Hollweg, dans son discours trop célèbre du 4 août 1914. La rage de destruction sévit partout; son intensité dépend de celle de la résistance des troupes belges. Dans leur folie, les Allemands en arrivent à incendier des maisons construites sur le sol allemand,

---

Liége, Revue hebdomadaire, 11 décembre 1915. Cf., du même, *L'enquête anglaise sur la conduite des armées allemandes en Belgique et en France, Revue hebdomadaire*, 29 mai 1915. Cette enquête, faite par une commission de la Chambre des Communes, sous la présidence de lord Bryce, juriste et diplomate, présente les plus grandes garanties d'exactitude.

ainsi que leur propre douane à Francorchamps. Plusieurs de leurs nationaux sont massacrés pêle-mêle avec des Belges autour de Liége.

Parmi les témoignages recueillis, les moins positifs ne sont pas les carnets trouvés sur les morts ou les prisonniers allemands. Celui d'un soldat du 1er chasseurs, Kurt Hoffmann, relate, le 5 août, comme une circonstance très naturelle, l'exécution des propriétaires de cinq maisons de Herve, sans autre motif que la circulation de civils suspects. Lui-même tue un civil inoffensif, à 400 mètres, d'un coup de feu en plein front, sans plus d'émotion que s'il s'agissait d'une pièce de gibier.

De même, le hussard Gustave Schöpper écrit (23 août) : « Nous faisons prisonniers quatorze hommes et une femme. Ceux-ci furent fusillés. Nous avons mis en feu tout ce qui pouvait être brûlé ». Le motif? Quelques camarades étaient tombés sous les balles de soldats belges à proximité d'un village.

Dans la nuit du 20 au 21 août et la journée du 21, à Liége, cinquante civils sont massacrés, dont une famille espagnole entière. Ils habitaient les maisons autour de l'Université. Ces constructions, la rue des Pitteurs et le quai des Pêcheurs, sont incendiés. On donne comme prétexte une attaque de soldats allemands par des étudiants russes. Or, le carnet du chasseur Otto Clepp porte à la date du 22 août : « Liége; deux groupes d'infanterie tirent l'un sur l'autre : neuf morts et cinquante blessés ! La responsabilité n'est pas encore établie ».

Le carnet d'Eitel Anders porte que, dès son entrée en Belgique, le 15 août, il trouve partout les maisons incendiées, les habitants en fuite ou tués. A peine une troupe a-t-elle traversé un village qu'il est brûlé. Le 16 août, on incendie ainsi Barchon; puis on traverse Wandre, que l'on pille. Dans une maison, on trouve une « collection d'armes ». Tous les habitants, sans distinction, sont aussitôt fusillés.

Très souvent, ces atrocités sont commises par des troupes qui viennent d'éprouver un échec. Ainsi Battice, Herve, Louveigné et surtout Visé, autant de petites villes ou de gros bourgs détruits totalement ou partiellement autour de Liége, quand les Allemands refluent sous le feu des Belges. A Battice, le 6 août, trente-cinq personnes sont massacrées; à Soumagne, deux cents personnes; le 7, *tous* les hommes de la Bonsche-sous-Herve sont fusillés; à Herve, le 8 août, la moitié des maisons sont brûlées, une quarantaine de personnes tuées, au hasard.

A Saron, à Corneux, à Olne, mêmes scènes sauvages jusqu'à la chute du fort de·Fléron.

Le plateau de Louveigné est, comme Battice, traversé le 4 août par les Allemands, sans incident. Le 7 seulement, on incendie la partie centrale du bourg, à 7 heures, après le souper des officiers, qui ont amené avec eux le curé pour lui montrer comment ils châtiaient un village. Douze hommes enfermés dans une forge sont successivement relaxés. Pendant qu'ils s'enfuient, des soldats apostés les tuent comme des lapins. Il y a en tout vingt-neuf victimes.

A Lincé, après avoir été repoussés dans leur attaques des forts d'Embourg et de Boncelles, les Allemands envahissent le bourg, le soir du 5 août. Pendant la nuit, ils tirent de tous côtés des coups de feu, tuant ainsi deux personnes inoffensives. Le lendemain, un groupe de civils ramassés au hasard est fusillé à bout portant. Parmi les victimes, des vieillards, des femmes, une fillette.

Le 6 août, les Allemands craignent pour le pont de Chanxhe; ils lient au parapet des habitants et les laissent ainsi un jour et une nuit, exposés à une attaque éventuelle. Plusieurs sont fusillés sans motif.

Le soir du 5 août, Poulseur est incendié par les 74° (1) et 92° régiments, après leur échec; quelques habitants sont tués.

Visé, sur la Meuse, n'a tout d'abord pas beaucoup souffert. Après la chute de Liége et le refus que le gouvernement belge oppose aux dernières tentatives allemandes (12 août), cette petite ville est complètement détruite. Les habitants qui ne se sont pas enfuis en Hollande sont tués ou envoyés en Allemagne.

Warsage et Berneau, sur la route de Gemmenich à Visé, subissent également le contre-coup de l'échec allemand à l'est de la Meuse. De même, sur la rive gauche, Haccourt, Heure-le-Romain, Hermalle, Hermé. Wandre, sur la *rive droite*, est détruit et ensanglanté le 19 août seulement, quand toute résistance a cessé à l'est du fleuve.

A Barchon, après la chute du fort, le village est pillé et incendié (14 août). Beaucoup d'habitants sont massacrés : en un seul endroit, vingt-six, dont une femme et trois enfants de deux à cinq ans.

A Blegny, les dévastations et les assassinats se produisent en deux séries, du 4 au 6, puis après le 16 août. Le curé est massacré avec d'inouïs raffinements de cruauté, ainsi que le bourgmestre.

De même, le curé de Haccourt est fusillé le 18 août; celui d'Heure-le-Romain, le 16. Du 15 au 25, c'est, semble-t-il, la période des grandes atrocités en Belgique, après l'échec de la tentative des Allemands, le 9 août, pour se concilier le gouvernement du roi Albert. Visiblement,

---

(1) 74°, 38° brigade; 92°, 40° brigade, le tout du X° corps.

une volonté réfléchie a présidé à ces exécutions et l'on ne songe pas à les nier ou à les justifier. C'est seulement quand la victoire de la Marne montre l'étendue des illusions premières, que les Allemands s'efforcent d'expliquer leur conduite en Belgique. Ils emploient alors deux procédés distincts.

Les *intellectuels* se bornent à trois affirmations, sans preuve aucune : la bonté et la douceur du soldat allemand, la discipline parfaite de l'armée, l'ignorance et le fanatisme de la population belge.

Le gouvernement, ou plutôt ses représentants en Belgique, met au contraire en avant une prétendue enquête faite par ses soins, c'est-à-dire dépourvue de toute garantie d'impartialité, pour montrer que des civils belges ont pris part aux engagements (1). En dépit de tous ses efforts, il ne peut obtenir un témoignage sérieux dans ce sens.

Il n'y a jamais eu en Belgique de francs-tireurs ou rien qui en approche (2). Sur douze cents témoignages recueillis par la commission d'enquête britannique, aucun ne tend même à prouver la participation de civils isolés à des combats.

C'est que la légende des francs-tireurs s'est établie en Allemagne avant l'entrée en Belgique. Le soldat Barthel écrit le 10 août, à Minden, qu'il a entendu parler des

---

(1) Les premières accusations de ce genre remontent au communiqué allemand du 9 août, confirmé le 10 par un télégramme du chef d'état-major général. Elles portent non seulement sur les habitants des environs de Liége, mais sur la population de la frontière française, vers Metz : « Il se peut qu'en France et en Belgique on se prépare à la guerre de francs-tireurs. » Dans ce cas, une inexorable sévérité serait indispensable. « Il est nécessaire que les neutres sachent déjà au commencement de la guerre que ce n'est pas l'Allemagne qui a commencé une telle manière de combattre. »

(2) Cf. les *Débats* du 2 mai 1915, *La légende des francs-tireurs belges.*

actes de cruauté commis à Liége sur des Allemands. Un chirurgien aurait eu la gorge coupée par le bourgmestre au moment où il prenait place à la table de ce dernier; des blessés auraient été reçus dans de faux hôpitaux, où on leur aurait enlevé les yeux par manière de traitement. Aussi Barthel rapporte-t-il avec satisfaction qu'un convoi de trois cents Belges a passé par Duisbourg, le matin; quatre-vingts, dont le bourgmestre, ont été fusillés.

« Dans la pensée des officiers prussiens, conclut le rapport de la commission d'enquête britannique, la guerre semble être devenue une sorte de mission sacrée, issue des fonctions les plus hautes de l'Etat omnipotent, qui, lui-même, est autant une armée qu'un Etat. La morale quotidienne et le sentiment vulgaire de pitié s'évanouissent..., suppléés par un nouveau critère qui justifie, aux yeux du soldat, tous les moyens pouvant conduire à la victoire, quelque contraires au sentiment naturel de la justice, quelque répugnants à ses propres sentiments qu'ils puissent être. L'esprit de la guerre est déifié. L'obéissance à l'Etat et à son « *War Lord* », son chef de guerre, ne laisse de place à aucun autre devoir du sentiment. La cruauté devient légitime quand elle promet la victoire. Proclamée par les têtes de l'armée, cette doctrine semble avoir pénétré les officiers et impressionné les simples soldats, les menant à justifier le meurtre des non-combattants comme un fait de guerre et les habituant au massacre au point que les femmes même et les enfants finissent par en être victimes » (1).

Parfois, en effet, les meurtres sont commis dans des

---

(1) H. Davignon, *L'enquête anglaise sur la conduite des armées allemandes en Belgique et en France, loc. cit.*

conditions telles qu'ils sont purement incompréhensibles. A Camperthout, dans l'après-midi du 14 ou du 15 août, trois officiers de cavalerie entrent dans une maison et réclament du champagne. Après avoir bu avec cinq ou six camarades et trois soldats, ils demandent le maître et la maîtresse de maison. Dès que cette dernière entre, dépose un domestique, l'un des officiers se lève et la tue d'un coup de revolver. Il est visiblement saoul et ne cesse pas pour si peu de chanter. Ses camarades continuent de boire. Puis il va au jardin avec le maître de la maison et l'oblige, sous la menace du revolver, à creuser une fosse pour y déposer sa femme.

Le 23 août, un officier conduisant une patrouille frappe à la porte d'une maison. Personne n'ouvre. On enfonce la porte et un paysan demande ce que l'on veut. L'officier le fait aussitôt fusiller. La femme sort, un nourrisson dans les bras, le met à terre et saute comme une lionne au visage des Allemands. L'un d'eux la tue d'un coup de crosse. Un autre passe sa baïonnette au travers de l'enfant et met son fusil sur l'épaule, l'enfant y restant embroché. Ses petits bras se tendent encore une ou deux fois. Puis la patrouille met le feu aux maisons. Une quarantaine de paysans sont là, prisonniers. L'officier leur déclare que ce qui s'est passé doit leur servir de leçon : « Quand un Allemand vous donnera un ordre, une autre fois, vous saurez qu'il faut aller plus vite! »

Un groupe de soldats passe dans une rue de Malines. Un petit enfant de deux ans environ sort d'une maison et va se jeter sur leur passage. Deux d'entre eux le dépassent sans y prêter attention; l'homme de gauche des deux suivants l'écarte et, enfonçant sa baïonnette à deux mains dans le ventre de l'enfant, le soulève en l'air et l'emporte sur sa baïonnette. Lui et ses camarades continuent de chanter. « L'enfant cria quand le soldat l'atteignit avec sa baïonnette, mais plus après. »

Un officier général demande à un témoin de le conduire à l'hôtel de ville de Lebbeke et dit négligemment à son guide, accompagné d'un petit garçon : « Si vous ne me montrez par le bon chemin, je vous tuerai, vous et votre enfant! » (1).

Nous avons dit que, souvent, pour essayer de justifier ces monstrueux attentats, les Allemands invoquent de prétendues attaques de francs-tireurs belges. On remarquera que jamais ils n'ont pu articuler un fait positif au sujet d'une organisation ayant un rapport quelconque avec des francs-tireurs. Tout donne à croire, au contraire, que dans les cas où ils mentionnent des attaques de ce genre, il s'agit de troupes régulières belges ou même de soldats allemands tirant par méprise sur leurs propres compatriotes.

Ainsi, à Francorchamps, le 8 août, l'envahisseur incendie et massacre, parce que deux gendarmes et deux lanciers belges, cachés dans des taillis, ont tiré sur une de ses colonnes (2).

A Linsmeau, le 10 août, une patrouille belge en rencontre une autre, allemande. Des coups de feu s'échangent. L'officier allemand est tué et sa troupe s'enfuit. Les gens du pays, peu coutumiers de pareilles scènes, se préparent à enterrer l'Allemand. D'autres ennemis surviennent, décident, sans l'ombre d'enquête, que c'est la

---

(1) H. Davignon, *L'enquête anglaise sur la conduite des armées allemandes en Belgique et en France*, loc. cit. Cf. *Journal des Débats* du 20 septembre 1914, *Rapport remis à M. Wilson au sujet des atrocités allemandes en Belgique.*

(2) Commandant de Gerlache, *La Belgique et les Belges pendant la guerre*, p. 111 et suiv.

population qui a traîtreusement tué l'officier, brûlent une dizaine de maisons, mettent le reste à sac et tuent une quinzaine de personnes, dont une femme, à coup sûr fort innocente.

Le commandant de Gerlache cite plusieurs exemples de même nature : ils permettent d'affirmer que les Allemands entrant en Belgique étaient hantés par la crainte des francs-tireurs et de l'espionnage. Les légendes, les récits vrais ou faux de la guerre de 1870 créaient et entretenaient ce courant d'idées, bien que les circonstances ne fussent plus du tout les mêmes (1).

En réalité, bien loin de chercher à susciter une guerre populaire, une *Volkskrieg*, les autorités belges s'efforçaient de toutes les façons à empêcher la population civile de prendre une part quelconque à la lutte (2). Peut-être même allaient-elles parfois au delà de ce qu'aurait permis le souci de la dignité nationale en face d'un envahisseur sans scrupule.

Nous avons mentionné les dénégations qu'opposent certains intellectuels allemands aux accusations portées contre leurs compatriotes. Tout le monde sait que, le 15 septembre 1914, paraissait à Berlin un *appel aux nations civilisées*, signé de quatre-vingt-treize « représentants de la science et de l'art allemands ». Dans cette solennelle protestation, il est impossible de trouver autre chose que des phrases, des dénégations brutales, le tout dépourvu de l'ombre d'une preuve quelconque. Six des paragraphes de ce factum commencent par les mots *il*

---

(1) Cf. H. de Varigny, *Atrocités et panique*, *Débats* du 22 avril 1915.

(2) Commandant de Gerlache, p. 116 et 117, *fac simile* d'affiches apposées à Namur et à Fleurus.

n'est pas vrai (1). Si l'élite intellectuelle de la Germanie se contente de pareille argumentation, elle est loin de justifier l'opinion qu'on avait d'elle autrefois.

Il existe une protestation beaucoup plus sérieuse que celle des *intellectuels de la garde*, selon le joli mot de M. Tristan Bernard, mais elle est dirigée contre les bourreaux et non contre leurs victimes, comme l'impudente déclaration des quatre-vingt-treize Allemands. Vers la fin de 1914, le cardinal Mercier, archevêque de Malines, et tous les évêques belges adressaient à l'épiscopat allemand une lettre qui, malgré la modération de sa forme, constituait un vrai réquisitoire (2). Après avoir rappelé les injustes accusations proférées par le Kaiser, par son gouvernement et par les journaux allemands contre la population du pays envahi, lui imputant des actes de cruauté contre des soldats isolés ou même blessés, les évêques belges leur infligaient ce démenti cinglant :

« Nous savons que ces accusations impudentes du gouvernement impérial sont d'un bout à l'autre des calomnies. Nous le savons et nous le jurons. »

Mais ils ne se bornaient pas, comme les 93, à cette dénégation. Ils adressaient aux évêques allemands la proposition suivante :

« Afin que notre protestation ne se heurte pas à la vôtre, sans effet utile, nous vous demandons de vouloir nous aider à instituer un tribunal d'enquête contradictoire. Vous désignerez au nom de votre officialité, autant de membres que vous le désirez et qu'il vous plaira de choisir; nous en désignerons autant : trois par exem-

---

(1) Voir la traduction Gaston Jollivet, *Six mois de guerre*, p. 249.

(2) Cette lettre fut rédigée par le cardinal lui-même (Félix Rocquain, *Le cardinal Mercier, Revue hebd.*, 21 avril 1917, p. 355).

ple, de chaque côté, et nous demanderons d'un commun accord à l'épiscopat d'un Etat neutre, de la Hollande, de l'Espagne, de la Suisse ou des Etats-Unis, de vouloir nous désigner un superarbitre qui préside aux opérations du tribunal (1). »

Puis ils reviennent à la questions des corps francs et des attentats que la population civile aurait commis contre le droit des gens, attentats qui devaient être affirmés de nouveau par le gouvernement allemand dans son *Livre blanc* du 10 mai 1915 : *Die völkerrechtswidrige Führung des belgischen Volkskriegs* (2).

« Nous affirmons qu'il n'y a eu nulle part en Belgique une organisation de francs-tireurs et nous revendiquons, au nom de notre honneur national calomnié, le droit de faire la preuve du bien-fondé de notre affirmation. Vous appellerez devant le tribunal d'enquête contradictoire qui vous voudrez, nous inviterons à y comparaître tous les prêtres des paroisses où des civils, des prêtres, des religieux ou des laïques furent massacrés ou menacés de mort au cri de : *Man hat geschossen!* On a tiré!

« Nous inviterons tous ces prêtres à signer, si vous le voulez, leur déposition sous la foi du serment et alors, sous peine de prétendre que tout le clergé belge est parjure, vous devrez bien accepter — et le monde civilisé ne pourra pas récuser — les conclusions de cette solennelle et décisive enquête.

« Mais nous ajoutons, Eminences et vénérables collè-

---

(1) Cette lettre a été reproduite pour la première fois par le *XX° Siècle*, 13 janvier 1915.

(2) Ce factum a fait l'objet d'une réponse du gouvernement belge dont l'analyse par M. F. Passelecq figure aux *Pages d'histoire* éditées par Berger-Levrault, n° 2.

gues, que vous avez le même intérêt que nous à la constitution d'un tribunal d'honneur, car nous, appuyés, sur une expérience directe, nous savons et nous affirmons que l'armée allemande s'est livrée en Belgique, en cent endroits différents, à des pillages, à des incendies, à des emprisonnements, à des massacres, à des sacrilèges contraires à toute justice et à tout sentiment d'humanité....

« Nous ne l'ignorons pas, vous répugnez à croire que des régiments dont vous connaissez, dites-vous, la discipline, l'honnêteté, la foi religieuse, aient pu se livrer aux actes inhumains que nous leur reprochons. Vous voulez nous persuader que cela n'est pas, parce que cela ne peut pas être et, contraints par l'évidence, nous répondrons que cela peut être, attendu que cela est. Devant le fait, il n'y a pas de présomption qui tienne... ».

A cette lettre, à ces arguments irréfutables, à la demande d'une enquête impartiale, les évêques allemands ne devaient faire aucune réponse. Ce mutisme est le plus éloquent des aveux (1).

On peut donc considérer comme un fait positif que les Allemands entrés en Belgique ont cherché à y faire régner la terreur; que, plus tard, ils ont invoqué pour expliquer leurs actes, de prétendues infractions des Belges au droit des gens qu'eux-mêmes venaient de violer impudemment. Comment une nation qui se dit et se croit civilisée a-t-elle pu commettre tant d'attentats à la morale et à la loi commune, essayant de les justifier en-

---

(1) Un groupe de prêtres viennois, avec l'approbation du cardinal archevêque de Vienne, envoya en Belgique, aux fins d'y faire une enquête minutieuse, un prêtre établi à Vienne, Hollandais de naissance, sachant le français, le flamand et l'allemand. Les conclusions de cet enquêteur, accablantes pour les troupes et les autorités allemandes, ont été reproduites par la presse neutre. Cf. *Le Matin* du 21 août 1915.

suite par des mensonges évidents? Comment les bourreaux ont-ils pu accuser leurs propres victimes des crimes
mêmes qu'ils avaient commis?

Pour expliquer ces faits monstrueux, il faut en revenir à
la mentalité que nous avons signalée chez les Allemands (1), à l'orgueil insensé qui leur fait admettre comme un axiome que tout ce qu'ils font en vue de la grandeur
de l'Allemagne est licite et même louable, quelle qu'en
soit la nature. Par contre, tout ennemi de la patrie allemande est par cela même déchu des droits les plus intan-
gibles. Il est *hors la loi*, pour employer un terme signi-
ficatif de nos temps révolutionnaires. Qu'importent la
pitié pour les faibles, le respect de la vérité, de la justice
et du droit à des gens qui ne connaissent d'autre loi que
celle de la force, d'autre vérité que la vérité allemande,
c'est-à-dire profitable à l'Allemagne?

Sans doute, on a peine à comprendre pareille intoxi-
cation de tout un peuple, mais on ne peut se refuser à
l'évidence (2). Les preuves à l'appui se multiplient chaque
jour. Récemment encore, un érudit allemand, Hans von
Wolzogen, cherchant pourquoi l'Allemagne est universellement haïe, ne trouvait que cette explication naïve .
à l'étranger, ses compatriotes n'auraient jamais cherché
à se faire voir sous un jour avantageux. « Nous avons
commis une grossière négligence en nous dispensant de
nous montrer aux autres peuples par nos beaux côtés...
Nous ne leur avons pas fait suffisamment comprendre
que nous étions un peuple remarquablement cultivé, sin-
cèrement pacifique, comblé des bénédictions de Dieu.

---

(1) Cf. *La grande guerre sur le front occidental. Les éléments du
conflit*, p. 15 et suiv.

(2) Cf. la lecture de M. Louis Renault à l'Institut, *La guerre et le
droit des gens, Journal des Débats*, 27 octobre 1914.

Mais, en général, lorsque nous nous trouvions chez eux, nous leur laissions l'impression que nous étions un peuple d'un caractère peu aimable, vulgaire et irrésolu, à physionomie indécise, incapable d'éveiller la sympathie » (1). Certes, si les Allemands se sont révélés « incapables d'éveiller la sympathie », comme le constate leur compatriote, ce n'est pas en raison de la « physionomie indécise » et du « caractère irrésolu » qu'ils auraient dévoilés depuis les premiers jours d'août 1914. Quelle ne doit pas être la mentalité des couches populaires allemandes si l'élite pense encore ainsi, après trente-deux mois de guerre?

Quant à la presse allemande, pour donner une idée de son mépris du droit, du peu d'importance qu'elle attribue aux jugements de ce qui n'est pas allemand, il suffira de citer ce passage de la *Gazette de Westphalie*, en avril 1917, quand déjà l'ombre de la défaite grandit à l'horizon germanique :

« Qu'on fasse ce qu'on voudra du reste de la Belgique, mais il est une province qui doit nous revenir, c'est le Luxembourg belge, où 50.000 habitants sur 230.000 parlent une langue analogue à l'idiome de Trèves. Le Luxembourg belge, comme l'Alsace, nous appartient de droit » (2). Ainsi, pour cette feuille pangermaniste, le fait qu'un pays est habité par une minorité, par moins du quart de la population parlant un langage apparenté à l'allemand, ce fait suffit pour justifier une annexion immédiate! Qu'en pensent les germanophiles de Suisse, des Pays-Bas ou même des Etats scandinaves, sans parler des autres? Mais le journal westphalien est bien mo-

---

(1) *Journal des Débats* du 4 avril 1917. *Croquis d'Allemagne.*
(2) *Von Bissing, Journal des Débats* du 27 avril 1917.

déré dans ses exigences, semble-t-il. De l'instant où un Allemand se fixe dans un pays étranger, ce pays n'appartiendrait-il pas, de droit, à la patrie allemande?

La grandeur de l'Allemagne actuelle était fondée sur le mépris du droit du plus faible, sur la déification de la force brutale. Pour la défendre, tous les moyens sont bons à ceux qui se targuent de renouveler Attila et ses hordes farouches; le mensonge et l'arrogance ne sont pas les moins efficaces, comme nous avons pu en juger à l'attitude de certains neutres.

CHAPITRE VIII

PREMIÈRE OFFENSIVE FRANÇAISE EN ALSACE

Mission générale des 1re et 2e armées. — La 1re armée. — Ses instructions. — Le théâtre de ses opérations et l'ennemi. — Motif de la première offensive en Alsace. — Combat d'Altkirch. — Occupation de Mulhouse. — Retraite de nos troupes.

I

On se rappelle que notre plan de concentration primitif avait prévu la possibilité de deux attaques principales, se développant, l'une à droite, entre les Vosges et la Moselle, l'autre à gauche, au nord de la ligne Verdun - Toul ou, plus exactement, de Verdun, ces deux actions étant étroitement soudées par des forces agissant sur les Hauts-de-Meuse et en Woëvre.

Entre le Rhin et la Moselle nous avions deux armées : la 1re, général Dubail, dans les Vosges et à l'ouest jusqu'à la ligne Lunéville, Bainville-aux-Miroirs; la 2e, général de Castelnau, autour de Nancy. La mission générale de ces deux groupements consistait à couvrir notre droite et à retenir devant elles, par une vigoureuse offensive, le plus grand nombre possible de corps d'armée allemands.

Au commencement d'août, l'ennemi ne semblait pas avoir concentré plus de sept corps devant nos 1re et 2e armées. Nous pouvions lui en opposer davantage, mais, dès le début, en raison de l'importance qu'allaient acquérir nos opérations en Belgique, le général en chef prescrivit à la 2ᵉ armée de maintenir à sa disposition les deux corps d'armée de gauche, de façon qu'ils fussent prêts à s'engager vers le nord (1). Les forces effectives des 1ʳᵉ et 2ᵉ armées furent réduites d'autant.

Le 1ᵉʳ août, quand fut donné l'ordre de mobilisation générale, la 1ʳᵉ armée avait pris son dispositif de couverture, modifié par l'interdiction de se rapprocher à moins de dix kilomètres de la frontière. C'est le 3 au soir seulement que cette restriction fut levée, à la suite des actes d'agression qui montraient le parti-pris des Allemands.

Le général Dubail (2) avait sous ses ordres cinq corps d'armée et une division de cavalerie (3). D'après sa mission, il devait chercher la bataille sur le front Sarrebourg, Donon, vallée de la Bruche, tout en s'emparant des crêtes des Vosges et de leurs débouchés; en même

---

(1) Les documents publiés jusqu'ici ne permettent pas d'indiquer la date de cet ordre. Il est certainement postérieur au 2 août, date de l'ultimatum à la Belgique. C'est le 3 seulement que notre ministre à Bruxelles informa M. Viviani de ce fait capital (*Livre jaune*, n° 141).

(2) Né en 1851 à Belfort, sorti de Saint-Cyr avec le n° 7, sous-lieutenant en 1870, fait prisonnier avec l'armée de Metz; à l'École de guerre en 1876; capitaine en 1878; professeur d'art militaire à Saint-Cyr, puis colonel au 1ᵉʳ zouaves, 1901; deux fois chef de cabinet de M. Berteaux, ministre de la Guerre, reçoit le commandement de Saint-Cyr et fait partie du comité technique de l'infanterie (Hanotaux, IV, p. 48).

(3) 7ᵉ, 8ᵉ, 13ᵉ, 14ᵉ, 21ᵉ corps, 44ᵉ division d'infanterie, 8ᵉ division de cavalerie. Il vint ensuite s'y ajouter les 12ᵉ, 13ᵉ, 22ᵉ, 28ᵉ, 30ᵉ groupes alpins, le 1ᵉʳ groupe de divisions de réserve (57ᵉ et 63ᵉ), les 58ᵉ, 66ᵉ et 71ᵉ divisions de réserve, le tout représentant à peu près *19 divisions d'infanterie.*

D'après le général Malleterre, p. 274-275, les Allemands n'auraient eu devant l'armée Dubail que deux corps actifs et un corps de réserve, ainsi que des formations d'ersatz et de landwehr non précisées. Le total n'aurait représenté que six divisions actives ou de réserve. Mais le général ne tient pas compte des XIIIᵉ, XXIᵉ corps et Iᵉʳ corps bavarois, qui bien qu'appartenant à d'autres armées, combattirent au début avec la VIIᵉ. Le total des divisions fut ainsi porté à douze.

temps il agirait par la Haute-Alsace, appuyée au Rhin, de façon à mettre hors de cause les forces allemandes opérant dans cette région.

Cet objectif déterminait trois secteurs où allait se développer l'offensive de la 1re armée : la Haute-Alsace, les Vosges et la région au nord de Blâmont, Cirey.

Le massif des Vosges est l'arête de cet ensemble. Les cours d'eau qui en descendent vers l'est et vers l'ouest parcourent la plaine d'Alsace et les plateaux de Lorraine, dont ils sont les artères nourricières.

La direction générale des Vosges est à peu près parallèle au cours du Rhin, c'est-à-dire orientée du sud au nord. Ce massif montagneux est séparé de celui du Jura par la trouée de Belfort, connue de temps immémorial comme le grand chemin des invasions de l'Allemagne du sud en France. Immédiatement au nord de cette zone très praticable (345 m. d'altitude), s'élève la partie la plus haute des Vosges, très escarpée sur le versant alsacien et descendant vers la Lorraine en pentes plus douces. Elle est constituée par un noyau de granit, de porphyre et de schistes primaires qui donne aux Ballons leur forme caractéristique. Le point culminant est au Grand Ballon, près de Guebwiller (1.426 m.).

Du Ballon d'Alsace au Bonhomme, ce secteur, très boisé, d'accès difficile en dehors des routes, est traversé par une série de cols, qui sont en remontant du sud : ceux des Charbonniers, d'Oberbruck à Saint-Maurice; de Bussang, de Saint-Amarin à Bussang; d'Oderen et de Bramont, de Kruth à Cornimont et à La Bresse; de la Schlucht, de Gérardmer à Munster; de Louchpach, du Rudlin à Orbey; du Bonhomme, que suit la route de Colmar à Saint-Dié.

Les vallées de la Doller, de la Thur, de la Lauch, de

la Fecht et de la Liepvrette descendent des Vosges vers le Rhin, dans la direction générale du sud-ouest au nord-est. Sur le versant opposé, la Moselle, la Moselotte, la Vologne et la Meurthe coulent au nord-ouest. Ces cours d'eau sont suivis par les routes et les chemins qui conduisent de Lorraine en Alsace.

Au nord du Bonhomme, les Vosges moyennes, plus boisées encore que les précédentes, se groupent autour du massif du Donon qui détache de puissants contreforts au sud-ouest, à l'ouest et au nord. Sur le versant français, le Ban-de-Sapt, vaste plateau accidenté, est le prolongement de l'un de ces contreforts. Dans cette partie des Vosges, le noyau de roches anciennes disparaît au nord des vallées de la Bruche et de la Meurthe. Près du Donon (1.010 mètres), les grès triasiques atteignent la ligne de faîte pour ne plus la quitter. Puis les montagnes s'abaissent graduellement et, au nord du passage de Saverne (331 m.), ne sont plus guère que des collines.

Les affluents de droite de la Meurthe coulent dans des vallées profondément découpées qui limitent des massifs secondaires, tels que ceux d'Ormont, du Spitzenberg, de la tête de Behouille, la côte de Mandray, le Rossberg. En remontant du sud au nord, ces affluents sont la Fave, le Rabodeau, la Plaine. De nombreux ruisseaux les grossissent sur ce versant arrosé de pluies fréquentes. La hauteur d'eau qui y tombe chaque année dépasse très sensiblement la moyenne de la France.

Sur le versant alsacien, le seul cours d'eau de quelque importance descendant des Vosges moyennes est la Bruche, qui coule vers Strasbourg, au nord-est.

Dans ce secteur, les Vosges sont traversées de nombreux cols : ceux de Sainte-Marie, de Saint-Dié à Schlestadt; d'Urbeis, de Provenchères à Schlestadt; de Saales, de Provenchères à la route de Senones à Schlestadt; du Hanz, de Senones à Saint-Blaise; de Frayé, du Donon aux forges de Framont; du Donon, de Raon-l'Etape à Schirmeck.

Nous avons dit que les Vosges s'inclinaient généralement vers l'ouest en pentes plus adoucies que vers l'est. Au nord-ouest du Donon, elles se fondent peu à peu dans les molles ondulations du plateau lorrain, que la Seille et la Sarre, affluents de la Moselle, parcourent dans la direction générale du nord-ouest. Cette région est coupée de canaux, semée de très nombreux étangs qui, joints aux massifs forestiers, y rendent difficiles les mouvements des armées. Nous avons signalé entre les Etangs et les Vosges le couloir relativement étroit qui conduit vers Sarrebourg et Fenestrange.

Au delà des Etangs, le terrain se relève entre la Seille et la Meurthe jusqu'à leurs confluents avec la Moselle, au sud de Metz. Là ces hauteurs se confondent avec la crête qui borde la rive droite de cette rivière, depuis le nord de Nancy. Les collines connues sous le nom de Grand-Couronné se rattachent à cette crête.

Au sud de la Meurthe, le terrain se relève en pentes plus raides et plus boisées qu'au nord. A l'est du col du Plafond qui, au sud-ouest de Saint-Dié, relie les vallées de la Meurthe et de la Moselle, les hauteurs de la rive gauche constituent une sorte de falaise hérissée de sapins, coupée par le ruisseau de Taintrux et prolongée au nord par les massifs boisés de La Madeleine, des Rouges-Eaux, de Saint-Barbe, de Saint-Benoît, de Rambervillers. Une série de passages les coupent par la Chipotte, la Croix-Idoux, le Haut-Jacques, Anozel, Vanemont. Au nord-ouest de Rambervillers, ces hauteurs se fondent dans un pays faiblement ondulé et découvert.

Au début de la guerre, du 2 au 20 août, la 1re armée avait en face d'elle, de la frontière suisse à la Fecht, le XIVe corps; de la Fecht au Donon, le XVe; dans la région de Sainte-Marie-aux-Mines, le XIIIe; dans celle de Cirey, Donon, le Ier bavarois; vers Réchicourt, la division de cavalerie bavaroise; à l'ouest de Sarrebourg, le XXIe corps.

De ces cinq corps d'armée, le XVe, général von Deimling (*le mangeur d'Alsaciens*) (1), opérait sur un terrain qui lui était très familier; il se révéla comme un adversaire redoutable.

C'est après le 20 août qu'on vit apparaître en Haute-Alsace des éléments de réserve et de landwehr constamment renforcés dans la suite. Ils appartenaient à la VIIe armée (général von Heeringen), avec le XIIIe corps (vers Saverne), le XIVe (vers Barr) (2), le XVe à l'ouest des Vosges, marchant sur Senones et Raon-l'Etape, comme les deux précédents. Les Ier bavarois et XXIe corps comptaient à la VIe armée (prince Ruprecht de Bavière), bien qu'ils fussent en partie engagés contre l'armée Dubail.

Vers le 1er septembre, la VIIe armée fut diminuée du XIIIe corps, transporté vers Buzancy, à l'ouest de la Meuse (3), et augmentée de la 2e division d'ersatz, de la 30e division de réserve et du XIVe corps de réserve. Celui-ci fut amené le 12 dans la région Provenchères - Sainte-Marie.

Le XIVe corps appuya également vers l'ouest, de la région Senones - Raon-l'Etape vers Baccarat.

A ce moment les Ier et IIe corps bavarois, le XXIe corps,

---

(1) Connu sous ce nom, même en France, depuis le procès Reutter (affaire de Saverne).

(2) A mi-chemin entre Schlestadt et Molsheim.

(3) Le XIIIe corps fut alors rattaché à la Ve armée (Kronprinz de Prusse).

bien qu'appartenant à la VI⁰ armée, opéraient vers Saint-
Dié, Baccarat, Gerbéviller, c'est-à-dire contre l'armée
Dubail.

Il résulte des chiffres indiqués précédemment (1) que,
durant presque tout le mois d'août, cette armée eut pour
elle la supériorité du nombre, bien qu'on ait souvent affir-
mé le contraire.

II

Nous avons dit que nos 1ʳᵉ et 2ᵉ armées avaient notamment pour mission de retenir devant elles un effectif
aussi considérable que possible, ce qui, dans l'esprit du
général en chef, impliquait une offensive générale pour
ces deux armées. Peut-être est-il permis de se demander
si une action de ce genre était réellement indiquée dans
les circonstances présentes. On a vu pour quelles raisons
une attaque en Lorraine ou en Alsace avait très peu de
chances d'aboutir. Il fallait donc prévoir des insuccès. Au
commencement d'août 1914, était-il prudent de sacrifier
un grand nombre d'hommes et quantité de munitions
pour un résultat peut-être négatif et à coup sûr indifférent
à l'ensemble de la guerre? Une défense active de nos positions de couverture aurait abouti à fixer de même les
Allemands en Alsace et en Lorraine, tout en permettant
de dégarnir la droite de notre ligne au profit du centre
et surtout de la gauche, qui allaient en avoir tant besoin.

Quoi qu'il en soit, l'offensive prescrite à la 1ʳᵉ armée ne
pouvait être engagée que la concentration à peu près terminée, c'est-à-dire le 14 août. Le général en chef crut
devoir prescrire au général Dubail d'utiliser un de ses

---

(1) V. *supra*, p. 147.

corps de couverture, le 7ᵉ, et la 8ᵉ division de cavalerie pour une action immédiate en Haute-Alsace.

Il est assez difficile de préciser les motifs d'une action aussi prématurée, puisqu'elle fut entamée le 7 août, c'est-à-dire six jours pleins avant la fin de la concentration (1).

On a répété, à ce propos, le mot de Napoléon : « Il est des moments où aucune considération ne doit balancer l'avantage de prévenir l'ennemi et de l'attaquer le premier ». On ajoutait : « L'ordre de procéder à une action immédiate dans la Haute-Alsace, sans attendre la concentration était l'application le ce principe » (2). Ces raisons paraissent très peu convaincantes. Qu'il y ait des cas où l'attaque immédiate présente de grands avantages, nul n'en a jamais douté. Mais rien ne prouve que nous fussions dans l'un de ces cas au 7 août 1914.

D'autres motifs ont été mis en avant. Le « 2 août », en raison du passage imminent des Allemands par la Belgique, le général en chef aurait modifié le plan de concentration en vue de porter au nord notre effort principal. Toutefois on se rendit bientôt compte que les délais nécessaires pour l'entrée en ligne de l'armée anglaise auraient pour conséquence un retard parallèle de notre propre action. En attendant que l'opération du nord put être déclenchée et pour la préparer en retenant vers l'est un effectif maximum, le général en chef aurait eu l'idée de prescrire à nos troupes d'occuper Mulhouse, de couper les ponts du Rhin à Huningue et en aval, et de flanquer ainsi l'attaque de nos troupes opérant en Lorraine.

Il y a lieu d'examiner de près ces affirmations. Nous avons vu que l'ultimatum allemand à la Belgique est de

---

(1) Nous avons vu que la partie essentielle de la concentration fut terminée le 12 à midi et que l'ensemble ne le fut que le 18 à minuit.

(2) Joseph Reinach, *loc. cit.*, p. 97.

la soirée du 2 août et qu'il fut connu à Paris par un télégramme du ministre de France à Bruxelles daté du 3. C'est dans la journée du 3 seulement, au plus tôt, qu'aurait pu être décidée la *variantation* de notre concentration. Nous verrons qu'elle le fut beaucoup plus tard.

D'autre part, le retard des Anglais à se concentrer ne put être connu qu'entre le 5 et le 7 août (1). Il paraît difficile d'admettre qu'il ait eu une influence quelconque sur une décision exécutée le 7 au matin. De plus, étions-nous fondés, lors de la mobilisation, à compter d'une manière certaine sur la collaboration des Anglais? Nous avons vu le contraire. Enfin, si l'attente de nos alliés s'imposait pour l'offensive principale, ce qui n'est pas démontré, il n'y avait pas de raison pour ne pas retarder aussi les offensives secondaires, faute de quoi elles seraient sans effet sur l'opération principale.

Un communiqué du 19 août (2) donne du mouvement sur Mulhouse une explication qui paraît très vraisemblable : « Nous savions par nos reconnaissances aériennes que les Allemands avaient laissé entre la frontière de Mulhouse des forces relativement peu importantes, que le gros de leurs forces s'était replié sur la rive droite du Rhin (*sic*). Dans ces conditions, notre objectif était d'attaquer ces forces et de les rejeter en arrière, afin de nous rendre maîtres des ponts du Rhin et de pouvoir y repousser une contre-attaque ennemie, si elle venait à se produire ».

---

(1) Voir le 2ᵉ *Livre gris belge*, nᵒˢ 27 et 29, à ces deux dates.

(2) Gaston Jollivet, p. 51. Pour être complets, mentionnons encore une autre explication officielle (bulletin français du 12 août, 15 heures) : « Une brigade d'infanterie a été poussée en pointe sur Mulhouse pour y détruire le centre d'informations qui fonctionnait dans cette ville ».

Ce luxe d'explications discordantes montre encore mieux l'inopportunité de cette opération.

On peut donc admettre que le haut commandement français, sachant les forces allemandes très réduites dans la Haute-Alsace, vit dans cette circonstance l'occasion d'un succès local. Il la saisit d'autant plus volontiers que toute entreprise sérieuse lui était interdite par l'inachèvement de la concentration et qu'en outre il jugeait nécessaire d'attendre les Anglais pour entamer l'offensive projetée en Lorraine, puis en Belgique. Une victoire, fût-elle sans importance réelle, ouvrirait brillamment la campagne et entretiendrait le courant d'enthousiasme patriotique qui agitait toutes les couches de la nation.

Peut-être ces raisons étaient-elles plus apparentes que sérieuses. Du moins nous en jugeons ainsi. En somme, l'offensive que nous allions entreprendre, sans avoir les moyens de la continuer, rentrait dans la catégorie des reconnaissances offensives dont on a signalé dès longtemps les inconvénients majeurs. Un succès ne nous mènerait qu'à un résultat médiocre, puisque nous ne pourrions en profiter, et un revers serait d'une fâcheuse influence. Cette dernière éventualité devait être redoutée d'autant plus que nous allions opérer dans un pays attaché à la France par des liens séculaires, que l'occupation allemande n'avait pu briser. Réveiller dans ces populations restées françaises de cœur des sympathies qui ne cherchaient que l'occasion de s'affirmer, avant d'être certains de pouvoir les arracher pour toujours à la tyrannie allemande, était à coup sûr une imprudence qu'on eût dû éviter. La première offensive sur Mulhouse était donc tout à fait inopportune. Elle paraît, en outre, avoir été mal conduite.

III

Le général Bonneau, commandant le 7ᵉ corps, devait
en premier lieu s'emparer du front Thann, Mulhouse,
atteindre le Rhin par sa droite et en couper les ponts
pour se porter ensuite vers Colmar. Il décida d'opérer
en trois colonnes : à droite une brigade d'infanterie et la
division de cavalerie se porteraient de Belfort sur Dannemarie et Altkirch; au centre une division d'infanterie irait
sur Cernay; à gauche, la deuxième division marcherait
par le col d'Oderen et le Ballon d'Alsace sur Thann (1).
D'Altkirch à ce dernier point, le front de marche allait
atteindre 24 kilomètres, chiffre considérable pour un corps
d'armée isolé.

Dans le mouvement de conversion qu'allait décrire le
7ᵉ corps autour de Thann pour se redresser le long du
Rhin, c'est la droite qui serait évidemment la plus exposée
aux attaques allemandes. Or, notre droite était la plus
faible. C'est sans doute pour ce motif que le général
Bonneau redouta constamment une attaque contre elle,
sans que la menace dût être un seul instant sérieuse,
dit-on.

Toujours est-il que les colonnes du centre et de gauche

---

(1) Cette répartition résulte d'un document officiel. D'après M. Hanotaux, III, p. 174 et suiv., la 28ᵉ brigade et la cavalerie prennent les
devants pour gagner l'Ill par les sources de la Doller; une autre fraction, des chasseurs à pied, ayant occupé le col de Bussang, gagne la
vallée de la Thür. Quant au gros du 7ᵉ corps, il obéit à l'ordre suivant : « Des éléments ennemis de couverture sont signalés sur la
ligne de la Soulz à Soppe-le-Haut, à Diefmatten et vers Ammertzwil-
ler. La division de cavalerie opère sur la droite dans la direction
d'Altkirch. Le corps d'armée a pour objectif Mulhouse et s'y porte, les
deux divisions accolées, l'une par Guevenheim, l'autre par Soppe-le-
Haut ».

paraissent avoir opéré leurs mouvements sans difficulté. Celle de droite se porta rapidement sur Altkirch, pour déboucher devant cette petite ville, le 7 à la tombée de la nuit.

Elle est construite en amphithéâtre sur la rive droite de l'Ill et couvre la route de Belfort à Mulhouse, ainsi que celle de Bâle. Les Allemands y avaient établi une brigade, dit-on, avec de l'artillerie, derrière des ouvrages de campagne. Ils furent vivement attaqués et délogés à la baïonnette au prix d'une centaine d'hommes (1) perdus par les assaillants. Les leurs auraient été importantes. Bien que nous eussions là toute une division de cavalerie, un seul régiment de dragons paraît les avoir poursuivis et la nuit les sauva. Nous n'étions pas parvenus à leur couper la retraite, comme nous en avions le projet, mais l'heure tardive de notre attaque explique assez ce résultat.

Les Allemands s'étaient retirés par la route de Mulhouse, sans même essayer de défendre des ouvrages de seconde ligne. Nos troupes, accueillies avec enthousiasme à Altkirch, ne s'y arrêtèrent qu'une nuit et le lendemain matin, 8 août, reprirent leur mouvement sur Mulhouse. Contrairement à notre attente, nous ne trouvions pas d'avant-postes allemands en avant de cette grande ville (2) et nous y entrions dans la soirée, sans combattre. Ce fut un spectacle inoubliable. Le quartier général du 7ᵉ corps était à Niedermorschwiller, au nord-ouest de Mulhouse,

---

(1) Communiqué français du 9 août, 23 h. 5o. D'après les déclarations d'un officier de réserve du 112° déjà citées (*Débats* du 21 octobre 1914), le 28 juillet, ce régiment aurait renforcé l'autre corps de la 58ᵉ brigade (XIVᵉ corps), le 142° déjà entre Kruth (?) et Dammerkirch (Dannemarie). C'est cette brigade qui fut refoulée le 8 août (?)

(2) Mulhouse, 95.000 habitants au dernier recensement. Ville libre, un instant alliée des treize cantons suisses en 1515, demande et obtient sa réunion à la France en 1798.

et les trois couleurs de son fanion y voisinaient avec les
affiches blanches de la mobilisation allemande. On apprenait que Deimling avait quitté précipitamment Thann.
Partout on évoquait des souvenirs vieux de 44 ans et on
escomptait un heureux avenir. Dans la soirée du 9, un
officier était occupé à distribuer dans Mulhouse la proclamation que le général en chef avait cru devoir adresser aux Alsaciens-Lorrains. Une fillette parvient à se faire
jour dans la foule : «,Monsieur l'officier, j'en voudrais
une.... C'est pour mon père qui est malade. Cela le gué-
rira » (1).

La facilité de notre conquête avait malheureusement
éveillé en tous une confiance prématurée. On se garda
mal, on reconnut insuffisamment les directions dangereuses. On ne se rendit pas compte que parmi les Alsaciens figuraient nombre d'immigrés tout à fait hostiles à
la France et dissimulant autant d'espions. Le bulletin
français du 9 août, 11 h. 3o, portait que, selon des renseignements confirmés, les Allemands chassés de Mulhouse s'étaient retirés sur Neuf-Brisach, c'est-à-dire à
vingt kilomètres en arrière. Il ajoutait : « La forêt de la
Hardt a été rasée », absurdité palpable pour un massif
forestier aussi étendu, puisqu'il s'allonge sur près de

---

(1) Gaston Deschamps, *Nos alpins dans les Vosges, Revue hebd.*,
17 février 1917. Cf. Hanotaux, III, p. 179 et suiv., mentionnant des
scènes poignantes. Beaucoup de gens sanglotent: « A toutes les fenêtres des mouchoirs et des drapeaux, des grappes humaines jusque
sur les toits ». Par contre le même auteur reproduit le capitaine P. P.,
Mon baptême du feu, Nouvelle Revue du 15 novembre 1915, obser-
vant que « si beaucoup hurlaient de joie, beaucoup aussi ne saluaient
ni le drapeau, ni les officiers... Tout cela sonnait faux et soudain,
parmi les clameurs et les applaudissements, je sentis très nettement
l'hostilité cachée de la grande ville ». Lire en sens contraire Vogel-
werth, *L'Alsace pendant les cinq premiers mois de la guerre, Revue
des sciences politiques*, 15 avril 1915, également reproduit par M. Hanotaux.

trente kilomètres. Dès le matin du 9, il était question d'abandonner Mulhouse. A ce moment nous occupions encore Cernay et Thann. La veille, nous avions enlevé les cols du Bonhomme et de Sainte-Marie, après un violent combat qui avait repris le matin du 9. Nous tenions les crêtes qui dominent Sainte-Marie-aux-Mines. Mais on signalait la forêt de la Hardt comme sérieusement organisée et des renforts arrivaient aux Allemands (1).

Une double attaque qu'ils exécutèrent dans la nuit du 9 au 10 (2), d'une part sur Mulhouse, venant de la forêt,

---

(1) Bulletin français du 9 août, 23 h. 50. D'après les déclarations déjà citées du lieutenant de réserve du 112ᵉ (*Débats* du 21 octobre 1914), le 9 août tout le XIVᵉ corps était concentré à Neüenberg, sur la rive droite du Rhin, à hauteur de Chalampé. Dans la nuit du 9 au 10, il attaqua sur le front Soultz, Wittelsheim, Dornach et Habsheim. D'après M. Hanotaux, III, p. 186 et suiv., le 9 août, le 7ᵉ corps a une division entre Lutterbach et Aspach, où elle se relie aux chasseurs à pied qui occupent Vieux-Thann; une brigade couvrant Mulhouse entre Lutterbach et Illzach, un régiment à Illzach, Riedisheim, Rixheim, un régiment en réserve sur le plateau du Zurenwald; la cavalerie du corps d'armée couvre la droite à Habsheim, et la 8ᵉ division de cavalerie serait en dernière ligne vers Brucbach, patrouillant dans la Hardt.

(2) Le XIVᵉ corps et une division du XVᵉ (Joseph Reinach, p. 98). Le bulletin français du 10 août, 23 h. 30, porte que des forces très considérables venant de Mulheim et de Neuf-Brisach ont attaqué les avant-gardes qui avaient été poussées « en flèche » sur Cernay et Mulhouse. Le commandant des forces françaises a évacué cette ville et rassemblé ses forces « légèrement en arrière.... Les actions de détail ont été très brillantes pour nos troupes qui restent maîtresses de la Haute-Alsace. »

Le bulletin français du 12 août, 15 heures, porte que la brigade de Mulhouse « s'est retirée pas à pas de son propre mouvement, mais sur l'ordre de son commandant de corps d'armée, qui jugeait sa situation périlleuse. Sa mission étant d'ailleurs terminée, il n'y avait pas lieu de l'y maintenir; toutes les forces allemandes l'ont suivie et sont venues se heurter à notre ligne de résistance principale qui n'a pas été forcée. Les deux partis en sont restés là. Nous disposons en Haute-Alsace de forces considérables s'appuyant à la place de Belfort; notre situation stratégique demeure la même, elle est excellente. »

Le communiqué allemand du 11 août porte que « le 10 », le 7ᵉ corps français et une division d'infanterie de la garnison de Belde l'autre sur Cernay, partant de la direction de Soultz, détermina la retraite qui eut lieu le soir même. L'effet sur la population et sur les troupes ne pouvait qu'être des plus fâcheux.

Sans doute, une brigade isolée à Mulhouse devait y être aisément compromise. Mais il eût été possible d'avoir recours à une autre combinaison. Les éléments laissés à Altkirch n'avaient pas été attaqués. Il eût été facile de contre-attaquer les Allemands en marche sur Cernay, en y concentrant la brigade de Mulhouse et nos réserves. « Pour des causes mal connues », cette conception ne prévalut pas (1). Le centre étant attaqué à Cernay par des forces supérieures et la droite n'intervenant pas pour le dégager, la retraite de ces deux fractions s'imposait. Le 10 août, notre gauche était à Thann, le centre et la droite sur la ligne Remingen - Altkirch. Les troupes de Remingen pouvaient être aisément compromises. Notre opération, visiblement mal engagée, sans doute contre les idées personnelles du général Bonneau, menaçait de tourner à l'échec grave. Nos soldats étaient fatigués par leur rôle de couverture, par leur mouvement rapide sur Mulhouse; leur confiance dans le commandement était ébranlée. Il y eut alors un commencement de désorganisation qui rendit opportune une nouvelle retraite. Il fallut évacuer Thann; le 11, les Allemands occupaient Massevaux, sur la haute Doller. Le 13, tout le 7ᵉ corps avait repassé la

---

fort « ont pénétré dans la Haute-Alsace, venant de Belfort, et sont parvenus à Mulhouse. Ces troupes ont été délogées d'une forte position qu'elles occupaient à l'ouest de Mulhouse. Les pertes allemandes sont minimes; celles des Français considérables. »

. Le communiqué allemand du 13 août mentionne la prise à Mulhouse de 10 officiers et 513 hommes, 4 canons, 10 attelages et un très grand nombre d'armes. Il n'y a plus aucun Français en Alsace.

(1) Communiqué du 19 août, cité.

frontière et était concentré dans la région de Belfort. Toutefois, il gardait encore les cols de Bussang, d'Oderen et de la Schlucht.

La première offensive sur le front Thann - Cernay - Mulhouse aboutissait, en somme, à une simple reconnaissance offensive dans la Haute-Alsace. Nous savions maintenant que, contrairement à nos renseignements primitifs, cette région était gardée par des forces importantes.

De ce succès fugitif, il subsistait un seul témoignage, la proclamation du général en chef, et il contrastait cruellement avec notre échec final.

« ENFANTS DE L'ALSACE,

« Après quarante quatre années d'une douloureuse attente, des soldats français foulent à nouveau le sol de votre noble pays. Ils sont les premiers ouvriers de la grande œuvre de la revanche! Pour eux quelle émotion et quelle fierté!

« Pour parfaire cette œuvre, ils ont fait le sacrifice de leur vie; la nation française unanimement les pousse, et dans les plis de leurs drapeaux sont inscrits les noms magiques du Droit et de la Liberté.

« Vive l'Alsace!

« Vive la France! » (1).

A la suite de cette malheureuse opération, les commandants du 7ᵉ corps et de la 8ᵉ division de cavalerie, un autre

---

(1) Gaston Jollivet, p. 41-42. Un télégramme du ministre de la Guerre Messimy est dans le même goût (*Débats* du 10 août 1914).

Mentionnons à titre de renseignement très douteux ce passage de M. Hanotaux (III, p. 192) : « Il paraît certain que nos aviateurs avaient signalé la présence d'avant-gardes autrichiennes ».

divisionnaire étaient remplacés. Ainsi débutait la longue série de mutations qui devaient renouveler constamment tout le haut commandement, parfois au détriment de l'armée et de la nation.

Le 7 juillet 1917, M. Painlevé, ministre de la Guerre, disait à la Chambre : « Trop souvent, au cours de cette guerre, le chef qui avait averti du péril s'est vu sacrifier pour n'avoir pu se faire entendre, tandis que celui qui avait donné l'ordre est sorti indemne (*applaudissements*). en sorte que, il y a un an, un de nos plus brillants officiers — mort depuis — pouvait dire que la recherche des boucs émissaires paraissait un système dans l'armée française ».

La retraite du 7ᵉ corps pouvait avoir des conséquences fâcheuses pour le reste de la 1ʳᵉ armée. L'offensive de cette dernière serait en effet rendue plus difficile, puisqu'elle aurait à se couvrir sur sa droite, vers les Vosges, tandis que le gros se porterait sur Sarrebourg. Nous allions donc être conduits à reprendre l'opération sur de nouvelles bases, de façon à être débarrassés de toute inquiétude vers la Haute-Alsace.

CHAPITRE IX

DEUXIÈME OFFENSIVE EN ALSACE

Objectifs de la deuxième offensive en Alsace. — Mouvement sur Thann et Cernay. — Prise de Mulhouse et d'Altkirch. — Mouvement sur Colmar. — Arrêt de notre offensive. — Nouvelle retraite de nos troupes.

I

Il parut difficile de rester sous le coup de cet échec, malgré le peu d'importance réelle du théâtre d'opérations alsacien. Le général en chef décida (9 août) de reprendre complètement notre offensive, avec des effectifs plus nombreux et sous un nouveau commandement. Cette fois, l'un des héros de 1870, un officier général hautement apprécié dans l'armée et au dehors, membre du Conseil supérieur de la guerre jusqu'à son récent passage au cadre de réserve, le général Pau (1), prenait la direction du nouveau groupement qui allait constituer l'armée d'Alsace.

Il devait avoir sous ses ordres les troupes déjà portées en Haute-Alsace, celles concentrées à Belfort et, enfin, celles établies à portée de la crête des Vosges.

---

(1) Général Pau, né à Montélimar, en 1848, élevé au Prytanée de La Flèche, entré à Saint-Cyr en 1867 et sous-lieutenant en 1869. Atteint de deux blessures dès les premiers combats de 1870, en Alsace; l'une lui coûte l'avant-bras droit. Il a été ramené dans sa famille grâce au dévouement de sa sœur, l'héroïque Marie-Edmée. Il part de Nancy pour reprendre du service, dès le 19 octobre, avant d'être guéri; est nommé capitaine en novembre et fait la campagne de l'Est. Au moment de l'entrée en Suisse, il descend vers la Savoie avec 120 hommes, à travers les neiges du Jura. Chef de bataillon en 1881. Colonel du 45e (1893), puis du 54e; général de brigade en 1897, il commande la 7e brigade à Soissons; général de division en 1903, il commande la 14e division à Belfort, puis le 20e corps à Nancy.

Les premières comprenaient le 7e corps, la 8e division de cavalerie, la 66e division de réserve; les secondes, la 44e division d'infanterie, avec un embrigadement et un endivisionnement improvisés, des batteries de montagne et trois divisions de réserve (1), le tout paraissant être venu surtout des Alpes ou du Midi, où la neutralité de l'Italie les laissait disponibles. Quant aux éléments établis dans les Vosges, ils comprenaient cinq bataillons alpins, les 12e, 13e, 22e, 28e, 30e (2), sous les ordres du général Bataille. Ces derniers étaient, pour la plupart, séparés de leurs batteries de montagne. Les trois divisions de réserve de Belfort n'avaient pas encore terminé leurs débarquements le 11 août.

Depuis son échec du 9, le 7e corps n'avait cessé de se replier et n'était pas en état de reprendre l'offensive le 11 août, selon l'ordre primitif. Il fallait le refaire et le remettre en main (3). L'ennemi avait beaucoup souffert du feu de notre artillerie. Par contre, nous avions été « gênés » par les obusiers allemands, qui devaient à leur nature la propriété de se mettre en batterie dans des emplacements difficiles à repérer. L'effet de leurs projectiles, plutôt moral que matériel, n'en était pas moins sérieux et il faudrait à l'avenir en tenir compte.

L'objectif était, non seulement de reprendre l'offensive sur Altkirch et Mulhouse, de reconquérir ce que nous

---

(1) Le 1er groupe de divisions de réserve (57e et 63e), la 58e division de réserve. Les batteries de montagne étaient celles normalement affectées aux cinq groupes alpins.

(2) D'après Hanotaux, IV, p. 220, ces cinq bataillons débarquèrent le 10, dans la région de Bruyères. Déjà trois autres bataillons, 7e, 11e, 14e, avaient été mis à la disposition du 14e corps et relevaient, le 9 août, des éléments du 21e corps, aux cols du Bonhomme et de Sainte-Marie.

(3) Communiqué du 20 août, Gaston Jollivet, p. 53 et suiv.

avions perdu, mais de retenir le plus possible de forces allemandes sur ce théâtre d'opérations, de leur interdire toute idée de pénétration vers Belfort, et de préparer éventuellement une poussée sur le Rhin, à l'est de la forêt de la Hardt. Il semble même qu'à ce programme s'ajoutait un mouvement le long du Rhin, dans la direction de Colmar. « Il s'agissait, cette fois, d'un effort décisif et non plus d'une simple reconnaissance » (1).

D'ailleurs l'offensive en Alsace ne devait pas être isolée. Elle allait coïncider avec une attaque en Lorraine, dont l'objectif serait identique dans ses grandes lignes : retenir vers l'est une partie notable des forces ennemies, à distance du principal théâtre d'opérations.

C'est en tenant compte de ces considérations que le général Pau arrêta son projet de mouvement. Nous allions porter notre premier effort sur un front moins étendu que du 7 au 9 août, de Thann à Dannemarie, notre droite au canal du Rhône au Rhin. Nous négligions donc tout d'abord le terrain compris entre ce canal et la frontière suisse, dans la pensée que, si les Allemands s'y maintenaient, il serait facile de couper leur retraite vers le nord (2).

II

Le début de nos opérations fut retardé par diverses circonstances et notamment par ce fait qu'il avait fallu constituer en quelques heures l'état-major et les services de l'armée d'Alsace (3). C'est le 15 août seulement que

---

(1) Communiqué français du 20 août, *loc. cit.* « Nos troupes tenant les crêtes et les principales vallées des Vosges sont en bonne position pour poursuivre leur succès dans la direction de Colmar » (*ibid.*).

(2) Communiqué du 19 août, cité.

(3) La solidité des troupes ayant pris part à notre première offensive

l'ensemble du mouvement put commencer. Déjà, comme nous le verrons, une série d'engagements heureux avait rendu nos troupes de Lorraine (1) maîtresses de la crête des Vosges, où elles se maintenaient en dépit des contre-attaques de l'ennemi.

Pendant que la 1re armée se portait de la région Cirey. Blâmont, Avricourt jusqu'à hauteur de Lorquin, nous reprenions l'offensive en Alsace. Bien que le mouvement du 7° corps fût lent, Thann était pris une seconde fois. L'ennemi montrait peu de ténacité, ainsi qu'il avait fait lors de notre précédente pointe sur Mulhouse.

Le 17 août seulement, le groupe de divisions de réserve ayant achevé sa concentration, prenait place dans le dispositif de l'armée d'Alsace (2). Celle-ci tenait la ligne Thann, Cernay, Dannemarie. Cette dernière ville avait été prise après un vif combat et les Allemands en avaient brûlé la majeure partie avant de se retirer. Leur retraite s'opérait « en grand désordre » vers le nord ou vers l'est. Partout ils abandonnaient un énorme matériel, munitions, voitures et fourrages surtout (3).

Le 18 août, le général en chef télégraphiait au ministre

---

avait été compromise au point que, dans la nuit du 13 au 14, une sorte de panique se produisit à l'une des divisions de réserve de Belfort.

(1) C'est le 21° corps (1re armée) qui occupait les Vosges au nord du col du Bonhomme inclus; au sud opéraient des fractions de l'armée d'Alsace.

(2) Il résulte du *Carnet d'un petit fourrier* (*Revue hebd.*, 11 septembre 1915, p. 178 et suiv.) que le 285° (58° division de réserve) débarqué à Conflans (Haute-Saône), entra en Alsace par le col de Bussang et Urbeis, puis se rendit à Cernay par Thann. A Cernay, il fut victime d'une attaque traîtresse d'Allemands cachés dans les caves ou d'immigrés. Le maire et un conducteur des ponts et chaussées auraient été fusillés. Au sujet de cet incident, voir le bulletin français du 17 août, 23 h. 30.

(3) *Bulletin français* du 17 août, 23 h. 30. D'après Hanotaux, IV.

de la Guerre (9 h. 15) : « Pendant toute la journée d'hier, 17 août, nous n'avons cessé de progresser en Haute-Alsace. La retraite de l'ennemi s'effectue de ce côté en désordre, il abandonne partout des blessés et du matériel... Dans toutes les actions engagées au cours de ces dernières journées en Lorraine et en Alsace, les Allemands ont subi des pertes importantes; notre artillerie a des effets démoralisants et foudroyants pour l'adversaire. D'une façon générale, nous avons obtenu, au cours des journées précédentes, des succès importants et qui font le plus grand honneur à la troupe dont l'ardeur est incomparable et aux chefs qui la conduisent au combat » (1).

On voit quelle confiance reflètent ces lignes, quelle satisfaction elles affirment. Peut-être y avait-il une forte part d'illusions dans ces sentiments. Un fait certain est que le ton de ce télégramme contraste de la façon la plus marquée avec celui du grand quartier général appréciant ensuite les combats du 20 août en Lorraine.

Cependant, le 19 août, les gros de l'armée d'Alsace bordaient l'Ill, d'Illfurth à Mulhouse, couverts à droite et en arrière par une division de réserve et une division de cavalerie.

Cette journée était marquée par plusieurs combats heureux. Le 7ᵉ corps attaquait Dornach, au sud-ouest de Mulhouse, et menait si vivement cette attaque qu'il enle-

---

p. 62, le 7ᵉ corps marche au centre, avec la route nationale de Belfort à Mulhouse comme axe de mouvement; deux divisions de réserve à droite, marchant par Dannemarie, Altkirch, la vallée de l'Ill; deux divisions de réserve à gauche, en liaison avec les bataillons de chasseurs, vers Thann; ces dernières ont pour axe de mouvement Sentheim, Aspach, Wittelsheim. Il n'y aurait en Alsace que les trois brigades de landwehr du général Gaede. En réalité, il y avait à droite du 7ᵉ corps, une division de réserve (66ᵉ) et une division active (44ᵉ).

(1) Bulletin français du 18 août, 15 heures.

vait quatre batteries allemandes dans les rues ou aux abords de ce village. Il pénétrait ensuite dans Mulhouse qu'il occupait pour la seconde fois, après un nouveau combat.

A la droite du 7ᵉ corps, la 66ᵉ division de réserve et la 44ᵉ division active refoulaient l'ennemi en plusieurs points, à Brunstatt, Diedenheim, Flaxlanden, Tagolsheim et Emlingen, sur les deux rives de l'Ill. Le 7ᵉ corps avait fait plus de 500 prisonniers (1). L'ennemi s'était retiré vers le Rhin.

Au nord-ouest, nous avions également occupé Guebwiller (19 août). Nos bataillons alpins étaient descendus entre la Thur et la Fecht, au delà de cette petite ville, où la population, en habits de fête, les accueillait comme de « vieilles connaissances ». Nous verrons que, plus au nord, nous gagnions également du terrain dans les vallées descendant des Vosges.

Il semble que, le 20 et le 21 août, en dépit de ces circonstances favorables, un temps d'arrêt malaisé à expli-

---

(1) Le bulletin français du 20 août, 15 heures, mentionne la prise d'un faubourg de Mulhouse après un combat très vif. Nous avions pris 6 canons et 6 caissons. Mulhouse était réoccupé. Le bulletin de 23 heures porte que les Allemands sont en retraite sur le Rhin, nous laissant de nombreux prisonniers et 24 canons, dont 6 pris en cours de combat.

Notons que les communiqués allemands des 19, 20, 21 août sont muets sur les combats autour de Mulhouse.

D'après Hanotaux (IV, p. 63 et 220), les Allemands avaient transporté précipitamment, du 14 au 16, les XIVᵉ et XVᵉ corps de la Haute-Alsace à l'ouest des Vosges, dans la région Lixheim, Arschwiller, Dabo, Obersteigen. Ils auraient engagé les 109ᵉ, 112ᵉ, 114ᵉ, 142ᵉ de landwehr, de l'artillerie et de la cavalerie, renforcés d'une division de réserve venue de Müllheim, par Niedermorschwiller et Heimsbrunn. Au début la ligne allemande s'étendait des environs de Cernay à Tagsdorff, par Lutterbach, Niedermorschwiller, Zillisheim.

Notre 88ᵉ brigade perdait le général Plessier, mortellement blessé près d'Altkirch.

quer se soit produit dans l'offensive de l'armée d'Alsace.
Pourtant l'ennemi n'attaque nulle part et même il continue de porter à l'ouest des Vosges des troupes jusqu'alors
stationnées à l'est. On ne peut donc attribuer cet arrêt
qu'à la volonté du commandant de l'armée, basée sur des
renseignements inquiétants pour son flanc droit. Peut-
être aussi les nouvelles venant de Lorraine contribuaient-
elles à l'arrêt du général Pau (1).

Quoi qu'il en soit, l'armée d'Alsace ne prolongea pas
davantage son mouvement vers Colmar. Elle se bornait
à occuper Altkirch, à refouler sur le Rhin les fractions
allemandes attardées au sud de Mulhouse et du canal du
Rhône au Rhin. Nos troupes des Vosges continuaient en
même temps des progrès destinés à rester inutiles.

Sur les entrefaites, la situation générale se modifiait
brusquement, provoquant une modification parallèle en
Alsace et sur les Vosges. La retraite en Lorraine des armées
Dubail et Castelnau, coïncidant avec nos premiers échecs
en Belgique, obligeait le général en chef à renoncer aux
offensives parasites qu'il avait cru devoir greffer sur l'action principale. Comment continuer en Alsace une attaque destinée visiblement à s'arrêter sous le canon de
Strasbourg, alors que nous étions menacés vers l'ouest
d'une attaque infiniment plus dangereuse que ne l'était
pour les Allemands le mouvement du général Pau?

_____

(1) Il se peut aussi que le départ de quelques fractions sous ses
ordres ait contribué à cet arrêt. Le 19 août, à 1 heure du matin, un
régiment de dragons s'embarquait à l'ouest d'Altkirch pour être transporté à Charmes où il débarquait dans la nuit du 20 au 21. Il allait
être rattaché à la 74° division de réserve (2° armée). Cf. *La victoire
de Lorraine, carnet d'un officier de dragons*, p. 5 et suiv. Il est probable que d'autres éléments de l'armée d'Alsace partirent de même.

En outre elle avait détaché une brigade de la 58° division de réserve
(18 août) sur Fraize et Saint-Léonard, puis vers Saales et Bourg-Bru-
che (19 août) [Hanotaux, IV, p. 220].

Le communiqué du 25 août faisait connaître que le théâtre d'opérations d'Alsace *devenait* secondaire, en quoi il avait tort, car ce théâtre l'avait toujours été. Celui du lendemain annonçait l'abandon « momentané » de cette terre française un instant reconquise. « C'est une cruelle nécessité que l'armée d'Alsace et son chef ont eu peine à subir et à laquelle ils ne se sont soumis qu'à la dernière extrémité. »

Une division de réserve, la 63e (?), puis une division active, la 44e, furent d'abord retirées du front et embarquées en chemin de fer. La moitié du 7e corps et la 8e division de cavalerie suivirent. Une partie de ces troupes, transportées sur la Somme, puis sous Paris, allait entrer dans une nouvelle armée, la 6e, général Maunoury, qui devait jouer un rôle de premier plan lors de la bataille de la Marne. Le 28 août (1), le général en chef annonçait sa décision de dissoudre l'armée d'Alsace : elle avait moins de trois semaines d'existence. Deux groupements lui furent substitués et comprirent celles de ses troupes qui étaient restées dans l'Est. Celui des Vosges, qui fut rattaché à la 1re armée, se composa d'une division du 7e corps, d'une division de réserve et des cinq bataillons de chasseurs alpins du général Bataille. Le reste des éléments de l'armée Pau constitua le groupement de Belfort. Il n'eut d'ailleurs, lui aussi, qu'une vie très courte, l'attitude des Allemands dans cette région ne nécessitant aucune disposition particulière de défense.

---

(1) 26 août, d'après certaines sources.

III

Ainsi se terminaient nos premières opérations en Alsace. Mal commencées, avec un effectif trop faible, et, en outre, mal conduites, elles aboutirent d'abord, après un succès éphémère, à un échec complet; le commandement local en porta seul la responsabilité bien que, en toute justice, elle dût être partagée de ceux qui avaient ainsi déclenché une offensive partielle, sans tenir compte ni des difficultés à prévoir, ni de l'inutilité de cette entreprise, si elle réussissait.

Après l'échec du 9 août, l'offensive en Alsace fut reprise, dans des conditions plus favorables, avec des effectifs suf fisants. Mais des lenteurs d'exécution ne permirent pas de donner aux succès obtenus tout le développement qu'on aurait pu en attendre. Les échecs de Lorraine et de Belgique vinrent rappeler au commandement français que le temps des hors-d'œuvre était passé et qu'il avait à réserver toutes ses forces, toutes ses capacités offensives, pour la partie décisive. Or, aux yeux de ceux qui voulaient bien réfléchir, cette partie ne pouvait se jouer qu'à notre gauche, en Belgique ou dans la France du Nord. Pour quelle raison les Allemands auraient-ils violé la neutralité belge, encouru l'hostilité de l'Angleterre et surtout de sa flotte, si ce mouvement par la Belgique ne devait pas acquérir une importance capitale, décisive pour le reste de la campagne? Du jour où l'on connut l'ultimatum allemand, on aurait dû chez nous renoncer à toute entreprise secondaire et ne songer qu'aux moyens de paralyser cette menace insuffisamment prévue. Les offensives en Alsace et en Lorraine étaient inutiles; elles allaient absorber sans profit des effectifs et des munitions qui eussent été plus utiles ailleurs. Nous n'aurions jamais dû les entreprendre. Attaquer les Allemands en flagrant délit de manœuvre, pendant l'exécution d'un immense mouvement tournant qu'ils exécutaient autour de Metz comme pivot, était la seule combinaison admissible à défaut de la défensive pure et simple. Or, cette dernière n'aurait pu être admise sans de graves inconvénients. Il faut se rendre compte, en effet, de l'état d'esprit où était la France au commencement d'août 1914, de la fièvre où l'avaient jetée une agression inattendue, la violation d'une neutralité regardée jusqu'alors comme intangible et enfin les premiers sourires d'une gloire qui avait paru nous abandonner quarante-quatre ans auparavant. Jamais on n'eût compris que notre jeune armée, dont chacun était si fier, demeurât sur nos frontières, attendant placidement l'attaque de l'ennemi, indifférente en apparence aux épreuves douloureuses de la Belgique.

Il fallait donc arrêter l'offensive allemande et, pour cela, le meilleur moyen était la manœuvre. En portant le gros de nos forces sur une partie du front ennemi, nous avions la possibilité de le dérouter dans ses combinaisons, d'attaquer une de ses fractions avec une grosse supériorité numérique et d'obtenir un de ces effets de surprise qui doublent l'effet d'une attaque. Mais vouloir attaquer simultanément sur toute l'immense ligne que bordaient nos forces de la Belgique à la Suisse, comme nous fîmes en réalité, était nous obliger à être forts partout, même dans les régions dont l'intérêt présent était nul. C'était aussi nous empêcher de grouper un maximum de forces sur le point décisif.

En Lorraine et dans la Haute-Alsace, régions où nous ne pouvions opérer l'offensive principale, nous aurions dû nous borner à une défense active de nos positions de couverture, réservant tout ce qui ne serait pas indispensable en vue de ce rôle à l'attaque du front allemand entre Thionville et la mer-du Nord. Le plan d'opérations qui fut suivi chez nous portait la marque des théories que nous avons signalées dans les conférences du colonel de Grandmaison : l'offensive sur tout le front, et une offensive menée à fond, sans regarder en arrière, considérée comme l'unique moyen du succès. La guerre de 1914 n'allait pas tarder à montrer combien cette doctrine tenait peu de compte des réalités présentes. L'échec final de nos deux offensives en Alsace n'était que le début de cette démonstration.

Le mot si souvent répété de Napoléon, *on s'engage partout, et puis l'on voit*, n'est vrai qu'au point de vue tactique. Encore ne l'est-il pas toujours. Mais quand il s'agit de mouvements de grande envergure, d'opérations stratégiques, l'application de ce principe mène aux pires conséquences. Elle conduit, en effet, à prendre l'offensive sur tous les théâtres d'opérations à la disposition d'une armée, qu'ils s'y prêtent ou non, qu'ils soient d'importance majeure ou nulle. Pour attaquer ainsi sur tous les fronts, il faut, sous peine de risquer des échecs dont l'influence morale, tout au moins, serait fâcheuse, répartir ses forces de manière à ce qu'elles soient partout suffisantes. A moins d'une extrême supériorité numérique, cela conduit à une répartition de densité sensiblement équivalente sur tous les théâtres d'opérations, autrement dit à la faillite de toute stratégie. Un succès décisif, de la nature de ceux qu'ambitionne un général en chef, ne peut être obtenu que par la concentration du maximum de forces sur un minimum de front, dans un minimum de temps.

Ce que nous venons de dire est applicable quand les deux adversaires sont à peu près de forces équivalentes. Mais si, comme en 1914, l'un d'eux dispose d'effectifs très sensiblement supérieurs à ceux de l'autre, l'obligation de négliger toute action secondaire s'impose avec une rigueur d'autant plus grande. Attaquer sur tout le front constitue un imprudent gaspillage de forces, alors qu'il y a le plus grand intérêt à les réserver pour l'action principale. Or, de toute évidence, pour nous, cette action n'était ni en Alsace, ni en Lorraine, mais bien entre la Moselle et la mer du Nord. Nous allions bientôt nous en convaincre.

CHAPITRE X

L'OFFENSIVE DE LA 1re ARMÉE
DANS LES VOSGES

Objectif de la 1re armée. — Mission des 21e et 14e corps. — Le 21e corps dans les Vosges. — Prise du col de Saales, du Donon et de Saint-Blaise. — Le 14e corps à Urbeis et à Sainte-Marie-aux-Mines. — Mouvements prescrits dans les Vosges avant la bataille de Sarrebourg.

I

Pendant notre première offensive en Alsace, le général en chef prescrivait à la 1re armée d'accélérer sa concentration et de l'orienter de façon qu'elle pût, le 14 août, entamer un mouvement offensif sur Sarrebourg. Selon toute vraisemblance, nous n'avions d'autre objectif, dans cette action, que de fixer sur notre front un effectif maximum, ainsi que nous l'avons dit à plusieurs reprises. Il ne semble donc pas que nous ayons eu l'intention de prolonger notre offensive sensiblement au delà de Sarrebourg, du moins pour l'instant.

Or, une attaque dans cette direction, à peu près parallèle à la ligne des Vosges, exigeait que nous fussions couverts sur notre flanc droit, c'est-à-dire maîtres des cols débouchant d'Alsace vers la région où nous allions opérer. Cette mission fut donnée aux 14e et 21e corps; ce dernier, corps de couverture, connaissait déjà le terrain à la gauche du 7e. Quant au 14e, il venait de Lyon et était naturellement peu familier avec cette région. Le général Dubail espérait

néanmoins que la prise des cols serait assez vivement
menée pour que l'un de ces deux corps, au moins, pût
participer à notre offensive en Lorraine. Cet espoir ne fut
qu'incomplètement réalisé.

Dans les Vosges, l'ordre donné le 3o juillet de maintenir nos troupes de couverture à huit kilomètres (1) au
moins de la frontière, présentait les plus graves inconvénients pour la suite de nos opérations. En effet, la limite
des deux États suivant en règle générale la ligne des
crêtes, nous étions contraints de descendre sensiblement
au-dessous, tandis que les Allemands s'emparaient de
cette même ligne sans coup férir. Il fallut donc en premier lieu les en déloger.

Dans la partie sud des Vosges, les cols de Bussang et de
la Schlucht furent aisés à enlever, en raison des pentes
douces du versant lorrain et de la raideur des pentes alsa-
ciennes. Notre artillerie put intervenir à propos, celle de
l'ennemi fut dans des conditions opposées (2).

Au nord de ces deux points, les pentes vosgiennes sont
escarpées vers l'ouest, les crêtes étroites et boisées. Il
était donc difficile d'assurer à notre infanterie l'appui de
l'artillerie, ce qui eût été d'autant plus utile que les Allemands avaient fortement organisé leurs positions au
moyen d'abatis, de réseaux de fils de fer, de tranchées.
De plus, les vallées à pentes douces du versant alsacien
étaient coupées par des travaux de campagne garnis d'artillerie lourde.

Des difficultés d'une autre nature s'ajoutaient aux précédentes. La limite entre les zones d'action de l'armée d'Al-

---

(1) Ailleurs à 10 kilomètres. V. *supra*, p. 12.
(2) *Bulletin français* du 22 août, *Les opérations dans les Vosges
depuis le début de la guerre*. Une partie de ce bulletin n'a qu'un
rapport éloigné avec la réalité.

sace et de la Iʳᵉ armée ne paraît pas avoir été exactement
précisée. Un fait certain est que des troupes de ces deux
groupements eurent à opérer dans les Vosges, sans direction commune. De plus, le 21ᵉ corps, qui y avait fait la
couverture, fut relevé par le 14ᵉ en cours d'opérations.
Il n'est donc pas surprenant que notre action dans ce pays
difficile ait été décousue et incohérente. Des mouvements
offensifs de nos troupes, on a peine à démêler une idée
directrice, un objectif précis. Pourtant nous dispositions
d'excellents éléments. Au 21ᵉ corps, que des années de
manœuvre et d'études avaient familiarisé avec cette région, étaient venues se joindre les troupes du 14ᵉ corps,
faites à la guerre de montagne, et les cinq groupes alpins
de l'armée d'Alsace, sans parler des divisions de réserve,
qui n'avaient point encore acquis la solidité des troupes
actives.

Dès le 7 août, le 21ᵉ corps avait occupé les cols du
Bonhomme et de Sainte-Marie, mais sans pouvoir déboucher de ce dernier ni occuper Sainte-Marie-aux-Mines.
Il demeurait dans cette situation, bien que, le 9, il eût
reçu l'ordre de prendre possession des cols d'Urbeis, de
Saales, du Hanz et de Prayez, en vue d'une progression
ultérieure dans la vallée de la Bruche. Le 10, il était
encore face au col de Saales, n'ayant pris aucun de ces
passages.

Le 11 août seulement, il atteignait Provenchères. Il
passait la frontière le 12 et entrait à Saales (1) et à Bourg-
Bruche sans résistance sérieuse, s'emparant ainsi du débouché nord de la trouée de Saales. Le bulletin français
du 13 août, 10 heures, portait que, malgré les contre-attaques allemandes, nos troupes avaient gardé leurs positions

---

(1) 13ᵉ division, général Bourdériat (Hanotaux, IV, p. 56).

aux cols du Bonhomme, de Sainte-Marie, de Saales et dans la vallée de la Bruche.

Le 14 août, le 21ᵉ corps enlevait le massif du Donon, le dernier sommet des Hautes-Vosges, vers le nord, ancien sanctuaire des Gaulois et camp des Romains, l'un des points où se réfugiaient les populations du pays lors des grandes invasions germaniques. En même temps nous prenions Saint-Blaise, dans la vallée de la Bruche, et le 1ᵉʳ bataillon de chasseurs y capturait un drapeau (1) du 132ᵉ régiment d'infanterie (XVᵉ corps, 39ᵉ division, 61ᵉ brigade). Nous avions fait plus de 500 prisonniers. Des monceaux d'effets d'équipement étaient restés abandonnés à Saales, ce qui indiquait une vraie débandade de la part de l'ennemi. La progression de notre infanterie avait été grandement facilitée par l'artillerie qui prenait à revers les positions allemandes (2).

Cependant le 14ᵉ corps était venu relever le 21ᵉ, sans que la raison de ce relèvement apparaisse nettement. Voulait-on réserver aux troupes alpines du 14ᵉ corps les opérations dans les Vosges? En opposition à ce douteux avantage l'inconvénient était palpable : on retirait en cours d'opérations des troupes connaissant la région pour les remplacer par d'autres, à qui elle était tout à fait inconnue.

---

(1) D'après Hanotaux, IV, p. 56, le 14 au matin, la 26ᵉ brigade, colonel Hamon, recevait ordre d'attaquer la position Plaine, Diespach. Cette opération, vigoureusement menée par deux bataillons du 109ᵉ appuyés par un bataillon du 21ᵉ, réussissait entièrement. En même temps, Saint-Blaise était attaqué par le 1ᵉʳ bataillon de chasseurs, après une énergique préparation d'artillerie. Nous prenions 1 drapeau, 8 canons, 4 obusiers, 6 mitrailleuses, 537 prisonniers, dont 10 officiers.

(2) *Bulletins français* du 14 août, soir, et du 16 août, 15 heures. D'après le premier de ces documents, l'occupation du plateau de Saales paraît être du 13, celle de Saales et du col du 14.

Des fractions du 14ᵉ corps tenaient les cols du Bonhomme et de Sainte-Marie. Le 12 août, elles soutenaient de violents combats, sans pouvoir gagner de terrain vers Sainte-Marie-aux-Mines. Le 14, bien que toujours arrêtées devant cette ville, elles atteignaient par leur gauche le col d'Urbeis et ce village lui-même. Le 16 seulement, elles prenaient Sainte-Marie-aux-Mines.

Plus au sud, Thann avait été repris le 14 août (1). Le bulletin du 16 août, 23 h. 30, signalait des progrès extrêmement rapides dans la vallée de la Bruche, qui descend au nord-est vers Molsheim et Strasbourg. Nous avions fait un millier de nouveaux prisonniers et enlevé dans cette région comme autour de Sainte-Marie-aux-Mines, des canons lourds, des canons de campagne et des caissons.

Le 14ᵉ corps occupait Villé, dans une des vallées qui descendent vers Schlestadt, et y capturait des pièces lourdes. Le long de la Bruche, il poussait jusqu'à Schirmeck, prenait douze pièces de campagne, douze caissons, huit mitrailleuses, et notre cavalerie atteignait Lützelhausen et Mühlbach (2).

---

(1) *Bulletin français* du 15 août, 15 heures.

(2) *Bulletin français* du 17 août, 10 heures. Le communiqué allemand du 18 août porte que deux bataillons de la garnison de Strasbourg, avec de l'artillerie et des mitrailleuses ont été attaqués près de Schirmeck, ont perdu leurs canons et leurs mitrailleuses, rendus inutilisables. Leur échec est sans importance. « Ils ont perdu leur artillerie, mais non leur courage ». D'ailleurs n'y a-t-il pas eu trahison des gens du pays ?

II

Sur les entrefaites, les gros de la 1ʳᵉ armée s'étaient mis en marche, le 14 août, vers le couloir de Sarrebourg. Considérant sa droite comme suffisamment assurée par les progrès accomplis dans les Vosges, le général Dubail prescrivait aux 21ᵉ et 14ᵉ corps d'appuyer au plus tôt l'offensive entamée vers le nord. Afin de faciliter leur intervention, l'armée d'Alsace détacherait une brigade à Fraize, sur la Haute-Meurthe; de même la division de place stationnée à Epinal serait portée dans les Vosges. De la sorte, le 14ᵉ corps, tout en tenant les cols du Bonhomme et de Sainte-Marie, attaquerait le long de l'Altbach, au delà de Villé, dans la direction de Schlestadt. Le 21ᵉ corps installerait solidement l'une de ses divisions au Donon, tenant la vallée de la Bruche. Le reste du corps d'armée, rassemblé, serait prêt à se porter sur Saint-Quirin et Abreschwiller, de façon à donner au mouvement offensif sur Sarrebourg le maximum d'intensité dont il était susceptible dans les conditions présentes.

Mais la situation n'allait pas tarder à se modifier, contrairement aux vues du commandement français. Tandis que nos deux armées de Lorraine continuaient à gagner du terrain vers le nord, en Alsace nous subissions un échec à Villé, où des troupes bavaroises et badoises battaient la 55ᵉ brigade (14ᵉ corps), en lui infligeant de grosses pertes (1). Toutefois, nous gardions l'offensive dans

---

(1) Le bulletin français du 19 août mentionne simplement la reprise de Villé, où nous avions « une avant-garde ». Le communiqué allemand du 20 est plus explicite.

Un autre échec avait lieu dans la vallée de la Bruche, où le 17ᵉ était refoulé entre Schwarzbach et Grendelbruch, malgré le renfort

le sud de l'Alsace, où nous occupions Mulhouse (19 août).
Nos bataillons continuaient de descendre des Vosges en
pays annexé, non seulement par la vallée de la Thur et
par Thann, mais par celle de la Fecht et par Munster. Un
autre mouvement se dessinait vers Colmar (1) par le col
du Bonhomme, La Poutroye et Kaisersberg, dans la vallée
de la Weiss. Le commandement local des Allemands était
fort déprimé. Le soir, un Alsacien sorti d'Ingersheim
rencontrait le colonel von Mellenthin, commandant d'armes à Colmar. Celui-ci lui disait, d'un air navré : « *Herr
Geiger, es geht sehr schlecht. Wir haben grosse Verluste
in Giragoutte* » (2).

Le 30° bataillon de chasseurs, descendu du Honeck,
s'ouvrait à la baïonnette le passage du Sattel et bouscu-
lait, à Gunsbach, des Wurtembergeois supérieurs en nombre (3). Le 12° bataillon était à Ingersheim, le 22 août, et
quatre kilomètres seulement le séparaient de Colmar. Nous
poussions même jusqu'à Logelbach, dans le voisinage im-
médiat de la vieille cité. Nos patrouilles avaient sous les
yeux son délicieux décor et le poste de commandement
du général Bataille était à Zimmerbach, sur la Fecht.

Sur les entrefaites, nos armées de Lorraine avaient subi

---

du 21° et du 109°. L'ennemi aurait contre-attaqué avec cinq régiments,
soutenus par le tir des forts de Molsheim. La 13° division, isolée du
21° corps, était provisoirement rattachée au 14° (Hanotaux, IV, p. 58,
238). La 13° division était groupée tout entière sur le Donon, le
20 août.

(1) Chef-lieu du Haut-Rhin, 43.000 habitants au dernier recensement.

(2) « Monsieur Geiger, ça va très mal. Nous avons de grandes
pertes à Giragoutte » (Gaston Deschamps, *Nos alpins dans les Vosges,
loc. cité*, p. 331). Gireaugoutte de la carte allemande est un hameau
de la forêt de Türckheim, au nord de la Fecht.

(3) Gunsbach sur la Fecht, entre Munster et Türckheim. M. Gaston
Deschamps écrit même « toute une brigade de Wurtembergeois ».

des échecs simultanés sur la Sarre et sur la Seille. La situation générale devenait de plus en plus critique dans le nord de la France. Il fallait abandonner une grande partie du terrain conquis en Alsace et dans les Vosges. Dès le 23 août, nos troupes du Donon et du col de Saales étaient ramenées vers l'ouest. Trois des bataillons alpins de l'armée d'Alsace, les 12°, 28°, 30°, recevaient l'ordre de se retirer sur le col du Bonhomme, sous les ordres du colonel Gratier. Les 13° et 22° iraient occuper des positions plus à l'ouest. Le 26 août seulement, le 13° bataillon quittait les environs de Colmar (1), non sans de poignants regrets qui ne devaient être que trop justifiés par la suite.

(1) **Gaston Deschamps**, *loc. cit.*, p. 339.

CHAPITRE XI

LA BATAILLE DE SARREBOURG

But de l'offensive sur Sarrebourg. — Les 13e et 8e corps. — Leur offensive. — L'occupation de Cirey - Blâmont. — Le 21e corps. — Bataille de Sarrebourg. — Retraite de la 15e division. — Combat de Waldscheid. — Ordre de retraite générale.

I

Tout donne à croire que le haut commandement français n'avait pas prévu que l'offensive allemande par la Belgique prendrait les proportions qu'elle atteignit et serait aussi vivement menée qu'elle le fut en réalité. D'où la pensée de dégager le front belge par des offensives latérales en Alsace et en Lorraine (1). Après avoir décidé ces attaques, on vit la nécessité de les hâter en proportion de la rapidité que les Allemands apportaient à leur mouvement dans le Nord. C'est ainsi que les débarquements de deux des corps de la 1re armée (8e et 13e) furent *variantés* du 10 au 13 août, de façon à pouvoir commencer l'offensive vers Sarrebourg avant la date primitivement fixée.

Les 11, 12 et 13 août, ces corps d'armée s'établissaient sur la ligne de la Meurthe, le 13e corps dans le triangle Baccarat, Raon-l'Etape, Bazien; le 8e, dans celui de Fraimbois, Vathiménil, Gerbéviller. Le général Dubail comptait sur le concours des deux corps de droite de la 2e armée, à la gauche de sa ligne, et sur celui du 21e corps, descendu des Vosges, à sa droite.

---

(1) *Exposé de six mois de guerre*, p. 3.

La mise en mouvement des 13ᵉ et 8ᵉ corps eut lieu le
14 août, et tout d'abord rencontra une résistance relativement peu accentuée. Le soir, ils atteignaient Barbas,
au sud de Blâmont, et Petitmont, au sud-est de Cirey,
tous points situés en territoire français et que notre couverture avait abandonnés, on ignore pour quels motifs.
Du peu de renseignements communiqués sur ces opérations, il semble résulter que Blâmont fut attaqué, dès le
soir du 14, par une division du 8ᵉ corps (1). L'ennemi était
fortement retranché au sud de cette ville. Ses avant-postes
furent refoulés et, à l'aube du 15, on reprit l'attaque.
Dans la matinée, Blâmont était enlevé, ainsi que Cirey,
cette dernière ville par le 13ᵉ corps. Ces deux combats
avaient été brillamment menés, tout en nous coûtant des
pertes sensibles.

On avait eu affaire à un corps bavarois (le Iᵉʳ) qui,
le 15, essaya de tenir sur les hauteurs au nord de la
Vezouze. Menacé d'être débordé sur ses deux flancs, il se
retira vers Sarrebourg. Les 15 et 16 août, nos deux corps
d'armée atteignaient, en territoire annexé, Saint-Quirin,
Niederhof, Hattigny, Higny, à huit ou dix kilomètres au

---

(1) *Bulletin français* du 16 août, 15 heures. Au cours du combat
les Bavarois fusillaient, sans le moindre motif, trois habitants de
Blâmont, dont une jeune fille et un vieillard de 86 ans, M. Barthé-
lemy, ancien maire (*Bulletin français* du 17 août, 10 heures).

D'après Hanotaux, IV, p. 55, la 16ᵉ division, général de Maudhuy,
se porta le 14 sur Domèvre, qui fut occupé. Elle détacha *une compagnie* de reconnaissance sur Blâmont, où l'ennemi se montra. A
22 heures, on portait sur cette ville le colonel du 95ᵉ, un bataillon
et une ou deux sections de mitrailleuses. Il en résulta un combat
de nuit : « Après une mêlée où tout se confond, le général fait
sonner le ralliement par cinq ou six clairons... ». On regagne Domèvre et le lendemain la division occupe Blâmont sans combat.

D'après le même auteur, IV, p. 239, une division du 13ᵉ corps avait
eu également un engagement malheureux à Cirey, dans la nuit du 13
au 14.

nord de la ligne Cirey, Blâmont. Ils avaient capturé le convoi d'une division de cavalerie, dix-neuf camions automobiles (1). Le 17 au soir, ils bordaient la ligne Vasperviller, Aspach, Saint-Georges, immédiatement au sud de Lorquin, et le 21ᵉ corps, venant des Vosges, arrivait à leur hauteur.

Le 18 août, ce corps d'armée, rassemblé vers Abreschwiller et Saint-Quirin, poussait des avant-gardes jusqu'à Waldscheid, au nord-est, dans une direction divergente qu'on s'explique mal. Le 13ᵉ corps tenait par ses avant-gardes les hauteurs au nord et à l'est de Sarrebourg. Enfin, le 8ᵉ corps, se portant sur Héming, s'emparait des débouchés au nord du canal de la Marne au Rhin, et entrait à Sarrebourg (2). Le commandement français était plein d'une confiance qu'atteste le télégramme du général en chef au ministre, déjà cité par nous (18 août, 9 h. 15) : « ...Nous avons conquis la majeure partie des vallées des Vosges sur le versant d'Alsace, d'où nous atteindrons bientôt la plaine au sud de Sarrebourg. L'ennemi avait organisé devant nous une position fortement fortifiée, solidement tenue avec de l'artillerie lourde. Les Allemands se sont repliés précipitamment dans l'après-midi d'hier. Actuellement, notre cavalerie les poursuit.

« Nous avons, d'autre part, occupé toute la région des Etangs jusque vers l'ouest de Fénétrange. Nos troupes débouchent de la Seille.... Notre cavalerie est à Château-Salins... ».

Les troupes étaient encore plus confiantes. Un officier du 95ᵉ écrivait, le 16 août : « C'est l'hallali! Les Bavarois

---

(1) *Bulletin français* du 16 août, 23 h. 30.

(2) M. Hanotaux note qu'on y remarque bien des figures froides, des allures suspectes (IV, p. 56).

fuient devant nous, et cette fuite électrise nos hommes qui mettent les bouchées doubles. Tout est à la joie et à l'enthousiasme... ». Un officier général disait : « Nous serons à Strasbourg dans huit jours ! » (1).

II

La petite ville de Sarrebourg (10.000 habitants environ) est située dans un pays fortement ondulé, où les bois abondent. Construite dans la vallée de la Sarre, un peu en aval du confluent de plusieurs ruisseaux, c'est un nœud important de communications. La ligne ferrée de Paris à Strasbourg s'y rattache à une autre allant vers Metz, par Benestroff (Bensdorf). La route nationale y bifurque également, d'une part sur Strasbourg, de l'autre sur Sarreguemines par Fénétrange et la vallée de la Sarre.

Les Allemands occupaient fortement une position dominante au nord-est de Sarrebourg, sur la rive nord du ruisseau d'Eichnett. Les gros de la 1re armée étaient au contact.

A gauche, la 2e armée (Castelnau) avait atteint, comme nous le verrons, la ligne Bisping, Rorbach, Zommange, Marsal, Château-Salins, à cheval sur la région des Etangs. La liaison des deux armées se faisait par Dianne-Capelle, sur le canal des Houillères.

Déjà nous escomptions nos succès futurs. L'une des divisions du corps de cavalerie avait ordre de se porter dans la direction de Sarrunion, au nord, le corps tout entier devant être jeté à l'est de la Sarre. On croyait amorcer ainsi une poursuite dans toutes les règles.

---

(1) Capitaine Rimbault, p. 39.

D'après les renseignements recueillis, le Iᵉʳ corps bavarois, très éprouvé par notre artillerie, se repliait sur Sarralbe, au nord de Sarrunion. Mais on signalait de gros rassemblements au sud-ouest de Phalsbourg; les XIVᵉ et XVᵉ corps étaient, disait-on, transportés par voie ferrée ou par camions automobiles d'Alsace à l'ouest des Vosges. On pouvait prévoir que l'ennemi ferait sur la Sarre une résistance acharnée.

Le général Dubail avait reçu du commandant en chef l'ordre de s'établir autour de Sarrebourg (1), notre offensive ne devant pas, sans doute, être poussée plus avant pour l'instant. De toute nécessité, il fallait déloger l'ennemi de la position que nous avons indiquée. Pour cela notre gauche dut attaquer au nord-ouest de Sarrebourg, de façon à ouvrir au corps de cavalerie la route vers Fénétrange, le centre et la droite se refusant jusqu'à ce que se produisît la contre-attaque allemande, que l'on pouvait sûrement prévoir.

Le matin du 19 août, la 1ʳᵉ armée était dans la situation suivante (2) : Au 8ᵉ corps (général Castelli), la 16ᵉ division tenait les hauteurs de Bébing et de Rinting, au sud-ouest de Sarrebourg, à l'ouest de la route de Paris à Strasbourg. Le 95ᵉ régiment occupait Sarrebourg depuis la veille.

La 15ᵉ division, le 13ᵉ corps (général Alix) et une brigade mixte coloniale (3) étaient en réserve générale entre Hesse et Abreschwiller, pour s'opposer à la marche de

---

(1) Notons que cet ordre semble contredire celui donné à la division et au corps de cavalerie.

(2) Paul H. Courrière, *La bataille de Sarre et Seille*, *Revue* du 1ᵉʳ-15 janvier 1917, p. 104 et suiv.

(3) Chacune des 1ʳᵉ, 2ᵉ, 3ᵉ et 4ᵉ armées comprenait une brigade coloniale.

flanc des colonnes des XVe et XIVe corps venant de la Haute-Alsace et signalées comme débouchant d'Arschwiller et de Dabo. C'était un total de huit ou neuf brigades laissées inactives, sur onze, ce qui paraît excessif (1).

Le 21e corps (général Legrand) tenait, avec la 13e division, le Donon et la haute vallée de la Bruche. La 43e division se rassemblait vers Abreschwiller, en poussant un détachement vers Obersteigen. Le 14e corps (général Pouradier-Duteil) venait d'occuper Sainte-Marie-aux-Mines et Sainte-Croix. Relevé par la 58e division de réserve (2), il allait entrer dans la vallée de la Bruche.

La 1re armée avait devant elle des positions fortement organisées. Au nord de Sarrebourg et à l'ouest de la Sarre, les hauteurs dessinent une sorte de demi-cercle autour du village de Haut-Clocher comme centre. Ces crêtes sont couvertes d'une série de bois à peu près continus, l'Oberwald, l'Etzelwald et le Sarrewald, en allant du sud au nord; un autre groupe de hauteurs, plus accentuées, s'élève à l'est de la Sarre, dans l'angle dessiné par cette rivière et par le ruisseau d'Eichnett. L'ensemble de ces positions était fortifié selon la technique la plus récente et garni d'artillerie lourde, ce qui ne pouvait manquer de surprendre nos troupes, fort dépourvues sous ce rapport (3).

Le général Dubail était surtout préoccupé de son flanc droit, ce qui l'amenait à ne marcher sur Sarraltroff et Fénétrange qu'avec la 16e division, appuyée par le corps

---

(1) Nous rappelons que les corps d'armée avaient été mobilisés à cinq brigades, dont une de réserve.

(2) V. *supra*, p. 169.

(3) D'après Hanotaux, IV, p. 206, 225, les Allemands avaient organisé fortement une ligne de 60 kilomètres environ sur les hauteurs près de Dommenheim, Guislingen, Insweiler, Diedendorf, Bettborn, Saaraltdorf, Biberkirch.

de cavalerie Conneau (2e, 6e, 10e divisions), remis depuis peu à sa disposition. Le peu d'artillerie lourde dont il disposait appuierait ce mouvement offensif.

Il résultait de ces circonstances que le front allemand allait être abordé sur un secteur trop étroit, par des forces très faibles, tandis que le gros de l'armée resterait en réserve. Une offensive aussi hésitante ne pouvait guère donner un résultat appréciable.

Dès 5 heures du matin, la 16e division attaquait dans la direction générale de Sarraltroff (Saaraltdorf). Le 85e, parti d'Imling, contournait Sarrebourg par le sud-est et pouvait, avec des pertes sérieuses, s'emparer de Bühl et de Eich; mais le 13e ne parvenait pas à déboucher de Hoff, au nord de Sarrebourg, et le 29e était arrêté devant Dolving, au nord-ouest (1).

A la fin du jour, le général Dubail, moins inquiet pour sa droite, décidait de pousser plus énergiquement son offensive. La 15e division renforçait la 16e vers sa gauche et se portait le matin du 20 août sur Oberstinzel et Gosselming, par brigades accolées, la 30e à droite sur Dolving et Oberstinzel, la 29e à gauche sur Gosselming.

Malgré la difficulté d'un terrain très marécageux par endroits, nos troupes progressaient d'abord rapidement. Le 56e enlevait Gosselming, pendant que les 10e et 27e dépassaient Dolving et poussaient jusqu'à la Sarre. Un voile de brume masquait encore les lointains.

Mais un feu violent d'artillerie lourde et de mitrailleu-

---

(1) P. H. Courrière, p. 104. A noter que, d'après le *Bulletin français* du 19 août, notre commandement commence à se rendre compte de la difficulté de la tâche en Lorraine : nos troupes débouchent sur la Seille, occupant Château-Salins et Dieuze, mais leur progression est forcément très lente, devant des organisations fortifiées et solidement tenues.

ses ne tardait pas à arrêter nos progrès. Nous avions des batteries de 155 Rimailho près de la ferme de Monckenhoff, derrière le Rubenhügel, ou dans le parc du château d'Imling. Elles ripostèrent avec vigueur aux Allemands, mais un repérage exact et répété (1) les obligeait à des déplacements continuels. Le duel d'artillerie dura jusque vers 11 heures.

A ce moment, le tir des batteries lourdes ennemies se concentrait sur Gosselming. Les 56° et 134° étaient obligés d'évacuer ce village. En même temps, de fortes colonnes allemandes débouchaient de Saint-Jean-de-Bassel, au nord-ouest, et opéraient contre nous une vigoureuse attaque de flanc. Sous les rafales de l'artillerie ennemie, nos deux régiments devaient regagner les pentes au nord de Haut-Clocher. Des batteries de 75, qui venaient y prendre position pour enrayer l'avance des Allemands, étaient en quelques minutes repérées et décimées. A 14 heures, il fallait abandonner ces positions. Les éléments de la 15° division battaient en retraite pas à pas, malgré les ravages du feu ennemi. Le colonel Delaunay (2), du 56°, était blessé, ainsi que le lieutenant-colonel Valentin, du 29°, et le lieutenant-colonel de Malleray, du 210°.

Des éléments du 29° (7° et 8° compagnies), parvenus jusqu'à la Sarre, y étaient cloués sur place jusqu'à 12 heures par le feu. Une contre-attaque tentée par eux échouait très vite et il fallait se replier au sud. Un engagé volon-

---

(1) Dû à l'espionnage ou aux avions ennemis. Cf. Rimbault, p. 57, 60.

(2) Aujourd'hui général commandant l'infanterie d'une division.

L'offensive allemande résultait d'un ordre du prince Ruprecht de Bavière, le 20 au matin : « Des considérations d'ordre supérieur m'ont contraint de refréner votre ardeur guerrière. Le temps de l'attaque et du recul est passé. Nous devons avancer maintenant. C'est notre heure. Il faut vaincre ! Nous vaincrons ! » (Hanotaux, IV, p. 225-231.)

taire de 59 ans, le comte de Pelleport, était mortellement atteint en cet endroit.

Les Allemands partis de Réding atteignaient Eich, refoulaient la compagnie qui gardait ce hameau, puis attaquaient les premières maisons de Sarrebourg, vers le nord-est. Le 95e tenait encore cette ville, malgré les obus lourds de l'ennemi. Le colonel Tourret contribuait par sa vaillante attitude à la bonne tenue de ses compagnies.

En rentrant dans Sarrebourg, les défenseurs d'Eich trouvaient les fenêtres fermées; des coups de feu étaient tirés contre eux de certaines caves. Vers 12 heures, le général de brigade s'élançait vers Tourret et lui criait, dit-on, les larmes aux yeux : « Colonel, au nom de la France, tenez encore une heure et je ferai décorer le drapeau de votre régiment! » (1).

On avait demandé au 95e de résister jusqu'à 13 heures. A 17 heures, il tenait encore contre une brigade bavaroise (2), après avoir poussé de vigoureuses contre-attaques pour permettre au 13e corps, dont on entendait le canon, d'intervenir avant l'encerclement complet de Sarrebourg.

Le 95e n'abandonnait cette ville que par ordre, baïonnette au canon, et la musique jouant la « Marche lorraine ». Il contenait la poursuite de l'ennemi qui s'arrêtait à la nuit, épaisse et sans lune. Le régiment stationnait dans Xouaxange et Héming, sur la rive nord du canal de la Marne au Rhin. Il était si épuisé que les soldats se

---

(1) P. H. Courrière, p. 106, d'après le capitaine Rimbault, *Journal de campagne d'un officier de ligne*, p. 65.

(2) M. P. H. Courrière écrit *la 2e brigade de la garde bavaroise*, formation inexistante. Il s'agit peut-être de la 1re brigade bavaroise qui comprend le *Leib regiment* et le 1er régiment d'infanterie. Le colonel Tourret fut mortellement blessé le 24 à Ortoncourt (capitaine Rimbault, p. 78).

couchaient dans les rues, demandant seulement qu'on les laissât dormir.

Le 13ᵉ corps s'était emparé, le 18, des hauteurs au nord d'Hermelange; ses avant-gardes tenaient Schneckenbusch et Plain-de-Valsch. Il avait été désigné pour rester les 19 et 20 en réserve générale. Mais, le 20 août, par suite de la retraite de la 16ᵉ division à Sarrebourg et d'un échec de la brigade coloniale chargée d'assurer la liaison avec le 21ᵉ corps, le général Dubail jeta le 13ᵉ corps en pleine bataille, vers 16 heures.

Lancée sur Sarrebourg, la 25ᵉ division dégagea la 16ᵉ et lui permit de tenir jusqu'à la nuit aux abords de la ville. La 26ᵉ division reprit Plain-de-Valsch et Brouderdorff, diminuant ainsi la pression du XVᵉ corps sur la gauche du 21ᵉ et forçant l'ennemi à se retirer, comme nous le verrons.

Pourtant nos troupes commettaient de singulières imprudences. Elles n'essayaient même pas de se retrancher, ni même de se dissimuler aux avions allemands, beaucoup plus nombreux que les nôtres (1).

A 20 heures, les éléments du 13ᵉ corps étaient ramenés derrière la Bièvre et le canal de la Marne au Rhin, ne laissant sur la rive opposée que des détachements à la garde des débouchés.

Au 21ᵉ corps, la 13ᵉ division, après s'être avancée, le 19 août, jusqu'à Schirmeck dans la vallée de la Bruche,

---

(1) P. H. Courrière, p. 108, d'après les *Notes d'un officier de la 25ᵉ division*. Il semble ressortir de ces notes que la 25ᵉ division battit en retraite vers 18 heures et repassa le canal de la Marne au Rhin. A ce moment, le général de division arrêta les troupes et les remit en mouvement vers l'ennemi. On attaqua de nouveau, les quatre régiments en ligne. On descendit une première pente, on en rencontra une seconde, on ouvrit un feu d'infanterie qui arrêta celui des Allemands. La nuit arrêta ce combat. Cf. Hanotaux, IV, p. 239.

revenait autour du Donon où elle allait constituer le pivot
de la 1re armée. C'est le 14e corps qui devait la remplacer
vers Schirmeck. La 43e division, renforcée par la brigade
mixte coloniale, était ramenée dans la région Abreschwiller, Saint-Quirin, prête à soutenir l'offensive sur Sarrebourg.

La brigade Barbade (13e division) recevait le premier
choc, le 19, vers 14 heures, au Petit-Donon. Bien appuyée
par l'artillerie, elle supportait jusqu'au matin du 20 les
attaques répétées de forts éléments du XVe corps. Bataillons de chasseurs et 17e régiment rivalisaient d'ardeur.
Aux premières heures du 20 août, l'ennemi, découragé,
arrêtait son offensive.

La 43e division rencontrait des difficultés plus sérieuses.
La brigade coloniale qui lui était temporairement adjointe,
partie de Vallerysthal et de Trois-Fontaines sur Haarberg,
souffrit beaucoup du feu de l'artillerie allemande et ne
put déboucher vers son objectif. Malgré des charges brillantes, le 31e bataillon de chasseurs ne réussit pas à enlever le col de Saint-Léon. Notre artillerie, prise sous un
feu de pièces lourdes, était contrainte de se replier.

De même, les éléments engagés vers Waldscheid étaient
décimés. La situation devenait critique, quand une bril-
lante attaque sur Munichhof du 17e, prêté par la 13e division, arrêta la retraite commencée. Vers 15 heures, la
85e brigade (149e et 158e) entrait en scène à Abreschwiller
et transformait cette journée indécise en un succès très
net pour le 21e corps. L'ennemi était rejeté au delà du col
de Saint-Léon, mais nos pertes étaient lourdes, surtout au
149e. Les résultats obtenus par la droite de l'armée com-
pensaient en partie l'échec marqué de sa gauche.

III

Le soir du 20 août, la 1re armée occupait d'excellentes positions sur le canal de la Marne au Rhin, jalonnées de l'ouest à l'est par Hermelange, le bois de Hesse, le bois de Voyer, la pointe de Saint-Léon. L'offensive pourrait être prise dès que les troupes, en mouvement ou au combat depuis le 14, seraient un peu reposées (1). Le général Dubail prescrivait de maintenir le contact le 21, d'organiser la ligne Soldatenkopf (2), bois de Hesse, Kerprich, à cheval sur la Sarre, de façon à pouvoir reprendre pied à pied l'attaque au nord-est, sans doute le 22 août.

Mais un ordre du commandant en chef survenait dans la soirée du 20, prescrivant la retraite immédiate en raison de changements graves dans la situation générale des troupes de Lorraine.

Cette première rencontre sérieuse mettait en lumière les principales de nos causes d'infériorité. L'artillerie lourde allemande avait exercé un fâcheux effet sur le moral du 8e corps, en atteignant à grande distance nos batteries, nos états-majors, nos rassemblements, sans que notre 75 pût lui répondre. D'ailleurs, le tir allemand était réglé par des renseignements d'avions et d'espions, ceux-ci très nombreux en pays annexé. Notre artillerie ne jouissait d'aucun de ces avantages, car notre aviation se révélait dès ce moment inférieure à celle de l'ennemi, en dépit de l'audace de nos aviateurs. Mais ils ne pouvaient compenser, ni le nombre qui leur manquait, ni l'infériorité tech-

---

(1) P. H. Courrière, p. 109.
(2) La carte au 80.000e ne porte pas l'indication *Soldatenkopf*. La Soldatenthal est au sud de Waldscheid.

nique de leurs appareils, ni le défaut d'organisation et d'entente préliminaire qui les empêchait trop souvent de jouer un rôle dans les tirs de réglage.

A ces causes générales, d'autres se joignirent tenant à l'exécution même de notre offensive sur Sarrebourg. Le 19 août, la 1ʳᵉ armée n'engagea qu'une division d'infanterie, moins d'un sixième de ses forces. Cette proportion était-elle suffisante pour une attaque sérieuse? Il est permis d'en douter. Même le 20, nos troupes ne furent engagées que par fractions, lentement, au compte-gouttes, pourrait-on dire avec exagération. Vis-à-vis des Allemands, ce procédé n'est pas de ceux qui promettent le succès (1).

Enfin, on peut admettre, semble-t-il, que nos opérations dans les Vosges furent menées avec beaucoup d'hésitation, de lenteur et de décousu. Il aurait été possible de tirer un meilleur parti des deux corps d'armée et des divisions de réserve qui combattaient dans cette région.

---

(1) Notons pourtant que, d'après un document officiel allemand, le 1ᵉʳ corps bavarois aurait perdu 50 % pour certaines unités et au moins 25 % pour le reste (Hanotaux, V, p. 234).

CHAPITRE XII

RETRAITE DE LA 1re ARMÉE

Retraite de la 2e armée. — Retraite de la 1re armée. — Echecs dans les Vosges. — Le 13e corps. — Emplacements du 22 et du 23. — La reprise de l'offensive est décidée le 23.

I

Nous avons vu que l'action de la 1re armée au nord de Sarrebourg était appuyée vers l'ouest par celle de la 2e armée. Malheureusement, cette dernière n'avait pu progresser au delà de la ligne Château-Salins, Bisping qu'elle occupait le soir du 18 août. Elle ne pouvait même pas s'y maintenir. Dans la matinée du 20, de violentes contre-attaques rejetaient ses deux corps de droite au sud de Bisping et de Dieuze. Le général de Castelnau avisait le jour même le commandant de la 1re armée qu'il se replierait le soir sur la ligne Maizières, Donnelay, Juvelize, Marsal, Hampont, Amelécourt, face au nord-est, ce qui allait complètement découvrir la gauche de la 1re armée, en faisant suivre à la 2e une direction excentrique par rapport à celle qu'avait suivie jusqu'alors la 1re. De prime abord, on s'explique mal cette disposition qui allait ouvrir une large brèche entre les fronts des deux armées. Elle était sans doute exigée par la nécessité de défendre Nancy — si nécessité il y avait.

Quoi qu'il en soit, dans la soirée du 20, le commandant en chef attirait l'attention du général Dubail sur le danger que courait son flanc gauche. Dans ces conditions, il lui prescrivait de ne pas s'attarder à défendre un front qui pourrait être aisément débordé et de renvoyer, dès ce moment, ses convois au sud de la Meurthe.

Le 21 août, à 4 heures du matin, le commandant de la 1re armée lui donnait l'ordre de se replier à hauteur de Blâmont, tout en maintenant le contact.

Au début, cette retraite s'effectua sans difficultés réelles, mais elle dut être accélérée à la suite du repli de la 2e armée jusqu'au delà de Lunéville. En outre, divers incidents se produisirent le 22 et rendirent la situation plus défavorable.

Dans les Vosges, la 71e division de réserve (1) perdit le col de Sainte-Marie, bien que les Allemands se fussent fort dégarnis en Alsace, comme nous l'avons vu. Le 14e corps fut, dit-on, épuisé par des marches de nuit inopportunes et par des contre-ordres successifs; finalement, il rétrograda rapidement, sans y être forcé, à travers le Ban-de-Sapt, vers la Meurthe. Le 21e corps, qui avait été vainqueur à Waldscheid le 20, comme nous l'avons vu s'établit sans la moindre difficulté à Vasperviller, Lettenbach et Saint-Quirin. Sur des renseignements inquiétants, il croyait devoir évacuer le Donon et se replier sur Raon-l'Etape (2), découvrant ainsi la droite des 13e et 8e corps, si elle s'était établie à hauteur de Blâmont, suivant le premier ordre.

------

(1) Faisant partie de la garnison d'Epinal; elle fut portée sur les Vosges vers le 19; le 22 août, elle opposa une très faible résistance. Un écrivain distingué, historien et romancier, le lieutenant-colonel Mahon (Art Roë), se fit tuer sur ses pièces, avec plusieurs officiers, « pour donner l'exemple et empêcher un recul précipité » (texte de la citation).

(2) Le zeppelin *L-8* essayait de bombarder un échelon de parc du 21e corps, quand il était atteint par des obus de 75. Il tombait à 5 kilomètres de Badonviller (Hanotaux, IV, p. 300).

Au 13° corps, un très fâcheux incident se produisait, montrant que la transmission des ordres y était insuffisamment assurée. La 26° division, n'ayant pas reçu en temps opportun l'ordre de retraite, était attaquée par surprise et perdait une partie de son artillerie.

Enfin, le 8° corps s'était tout d'abord replié sans pertes sur Lorquin et Saint-Georges, puis sur Repaix et Igney, en inclinant beaucoup plus vers l'ouest son axe de retraite. La 6° division de cavalerie, qui le flanquait à gauche, s'étant retirée par suite de l'épuisement de ses chevaux, dit-on (1), le corps d'armée jugea nécessaire de suivre cet exemple et, tout d'une traite, se replia, le 22, au sud de la Meurthe, puis de la Mortagne, pour s'y refaire.

Dans la soirée du même jour, l'armée tenait la ligne qui vante, fort irrégulière comme il est aisé d'en juger : col du Bonhomme, débouchés ouest du col de Sainte-Marie, Wissembach, col d'Urbeis, Saint-Blaise, Raon-sur-Plaine, Val-et-Châtillon, Petitmont, Montreux, Saint-Maurice, nord de Montigny, Vaxainville, nord de la forêt de Mondon. Déjà le territoire national était envahi dans plusieurs secteurs et, le 23 août, comme il arrive souvent dans les retraites, le mouvement de repli s'accentuait encore, les éléments les plus médiocres entraînant les autres par leur exemple. Dans la soirée, le front de l'armée était marqué par les Vosges au sud du col du Bonhomme, Provenchères, Ban-de-Sapt, Celles, Pierre-Percée, Pexonne, Merviller, Baccarat, bois de Glonville, Anglemont, Roville-aux-Chênes, Fauconcourt, Hallainville, Damas-aux-Bois, à cheval sur la Meurthe et la Mortagne. Nous avions perdu

---

(1) D'après Hanotaux, IV, p. 294, la 6° division cantonnait, le 21 août, sur la Verdurette, vers Ogéviller; les 2° et 10° divisions (corps Conneau) étaient dans la région de Vého, entre Blâmont et Lunéville.

non seulement la ligne de la Vezouze, mais celles de la Meurthe et de la Mortagne, malgré leur direction sud-est - nord-ouest, très favorable à la défense.

A continuer la retraite dans de pareilles conditions, on eût risqué de désorganiser complètement l'armée. Le soir du 23 août, le général Dubail jugea nécessaire d'arrêter son mouvement de recul. Il donna même l'ordre de se tenir prêt à reprendre l'offensive, décision hardie qui se révéla tout à fait opportune en dépit des apparences contraires.

Si l'ennemi avait beaucoup souffert, ainsi qu'en témoignaient des prisonniers du XVᵉ corps, le 20 août, et un ordre du jour du prince Ruprecht de Bavière, le 26 août, nos troupes étaient fort éprouvées par plusieurs insuccès, suivis d'une retraite rapide et prolongée, quelquefois en désordre.

L'infanterie du 8ᵉ corps avait perdu plus de 50 % de son effectif; les traînards encombraient les routes; la cavalerie était épuisée par de longues marches et par des bivouacs prolongés. Le moral de toutes les troupes avait certainement souffert d'un mouvement rétrograde suivant de si près une première offensive (1). La discipline même laissait à désirer dans certains éléments.

En outre, la ligne occupée le soir du 23 était très étendue et d'inégale solidité: une large brèche s'ouvrait entre

---

(1) La retraite de Blâmont sur la Meurthe se faisait par un temps affreux, grêle et pluie, tempête, au travers de files interminables de fugitifs allant à la grâce de Dieu (22 août). Mais, dès le 23, quand on avait traversé la Meurthe, un changement se produisait : « Les hommes ne semblent plus abattus et devisent joyeusement entre eux.... Pour les mettre en confiance, le commandement a donné l'ordre à tous les avions... d'évoluer au-dessus des troupes » (Rimbault, p. 73-75.)

le 14ᵉ corps et les troupes des Vosges, nous exposant à des conséquences graves.

Telles étaient les difficultés que la 1ʳᵉ armée allait devoir surmonter en prenant l'offensive suivant l'ordre donné le soir du 23 août. Des changements nombreux et importants dans le commandement devaient aider à les résoudre.

CHAPITRE XIII

L'OFFENSIVE DE LA 2ᵉ ARMÉE

Mission générale de la 2ᵉ armée. — Sa composition. — Théâtre
des opérations. — La couverture. — L'offensive. — Arrêt et repli.
— Causes de l'échec. — Réflexions finales.

I

La mission générale de la 2ᵉ armée, général de Castelnau, était la même que pour la 1ʳᵉ : protéger la droite de notre dispositif d'ensemble, tout en prenant une énergique offensive en Lorraine, de façon à y maintenir des forces aussi considérables que possible et alléger ainsi la tâche de notre centre et de notre gauche.

Les instructions spéciales de la 2ᵉ armée portaient qu'elle devait couvrir « absolument » Nancy, se porter vers l'est, puis se redresser au nord et attaquer ensuite parallèlement à la frontière sur le front Dieuze, Château-Salins, l'axe de son attaque étant dirigé sur Sarrebruck. Naturellement, elle aurait à se garder vers Metz dans ce mouvement (1).

On doit dire que ces deux missions, l'une défensive, l'autre offensive, se conciliaient mal. En effet, Nancy,

---

(1) D'après Hanotaux, IV, p. 49-50, la 2ᵉ armée était avisée, dès le 6 août, de son rôle dans l'offensive projetée : Sarrebruck était l'objectif commun des 1ʳᵉ et 2ᵉ armées; la 1ʳᵉ ayant le rôle principal et la 2ᵉ servant de pivot. Ce plan fut modifié à la suite de notre premier échec en Alsace : la 1ʳᵉ armée dut marcher sur Sarrebourg et Schirmeck, la gauche en avant. Les deux corps de droite de la 2ᵉ armée (15ᵉ et 16ᵉ) l'appuieraient, ayant pour premier objectif Avricourt.

que l'armée devait couvrir avant tout, était dans une situation excentrique par rapport à la ligne d'opération qui allait être suivie. L'offensive du général de Castelnau ne devait donc pas suffire à protéger ce centre important d'attaques descendant du nord. Peut-être eût-il été préférable de constituer pour sa défense un groupement spécial, en le rattachant à Toul, de façon à laisser une entière liberté de manœuvre à la 2ᵉ armée.

A l'origine, le général de Castelnau avait sous ses ordres cinq corps d'armée, les 16ᵉ, 15ᵉ, 20ᵉ, 9ᵉ et 18ᵉ, une brigade mixte coloniale, trois divisions de réserve, les 59ᵉ, 68ᵉ, 70ᵉ, et deux divisions de cavalerie. Le 20ᵉ corps, ensuite renforcé de la 70ᵉ division de réserve, assurait la couverture.

Mais cette composition ne tarda pas à être grandement modifiée. Dès le principe, le 18ᵉ corps fut maintenu à la disposition du commandant en chef, pour aider à faire face au mouvement des Allemands en Belgique. Le 13 août, il commençait un mouvement vers le nord-ouest.

De même, le 9ᵉ corps, destiné tout d'abord à défendre le Grand-Couronné de Nancy, face à Delme et à Metz, était embarqué en cours d'opérations, d'après un ordre du 18 août, pour un autre secteur. Trois de ses brigades sur cinq (1) demeuraient au nord de Nancy, ce qui présentait

---

(1) 34ᵉ, 35ᵉ brigades et brigade de réserve. P. H. Courrière, *op. cit.*, p. 103.

Le 9ᵉ corps était entièrement concentré le 10 août autour de Pont-Saint-Vincent; le 11, il était porté sur le Grand-Couronné, où il relevait le 20ᵉ corps, avec mission de tenir le front Sainte-Geneviève, mont Toulon, Jandelincourt, Mont-Saint-Jean. Le 12, la 18ᵉ division occupait le front indiqué jusqu'à Mont-Saint-Jean, où elle se reliait à la 70ᵉ division de réserve, général Fayolle, qui lui était provisoirement rattachée. La 17ᵉ division cantonnait dans la région de Faulx, Morey, Bratte, en réserve du corps d'armée. L'embarquement avait lieu à Nancy, Frouard, à dater du 19 août. Partaient pour la 4ᵉ armée les 33ᵉ et 36ᵉ brigades, trois groupes d'artillerie divisionnaire dont deux

le grave inconvénient de disloquer une de nos grandes
unités de combat, au moment où commençaient des opérations peut-être décisives. C'était encore là l'une des conséquences de notre dispositif de concentration et l'on ne
pouvait que la déplorer.

Enfin, les deux divisions de cavalerie, jointes à celle
de la 1ʳᵉ armée, formaient un corps de cavalerie, en dépit
de tous les enseignements de l'histoire qui prouvent
que ces lourdes masses sont incapables de s'alimenter
dans une marche rapide, que, très souvent, elles font
défaut là où la cavalerie serait indispensable et que,
finalement, le rendement de divisions ainsi groupées
est moindre que celui d'unités isolées, beaucoup plus
faciles à conduire, à entretenir et à cantonner. Un fait
bien connu est que le bivouac ruine très rapidement les
chevaux de la cavalerie, surtout quand il succède à de
longues marches. Or le groupement en corps de cavalerie
oblige souvent à bivouaquer.

En outre, le corps ainsi constitué en Lorraine sous les
ordres du général Conneau ne demeura pas rattaché à la
2ᵉ armée. Il paraît même avoir fait partie de la 1ʳᵉ, d'où
il fut provisoirement détaché à la 2ᵉ. Nous avons vu son
rôle effacé à l'armée du général Dubail.

Ces modifications ne devaient pas être les dernières.
Si l'armée Castelnau reçut, le 24 août, deux nouvelles
divisions de réserve, les 64ᵉ et 74ᵉ, le reste du 9ᵉ corps
et le 15ᵉ reçurent une nouvelle affectation dans les premiers jours de septembre, en sorte que, finalement, le
général ne disposa plus que de deux corps d'armée et de

---

de la 17ᵉ division, deux groupes et une batterie de l'artillerie de corps,
les deux escadrons divisionnaires, deux escadrons du 7ᵉ hussards, les
deux compagnies divisionnaires du génie, etc.

cinq divisions de réserve, celles-ci renforcées de la division de Toul, la 73ᵉ.

II

Le terrain où allaient se développer les premières opérations de la 2ᵉ armée, en Lorraine annexée, est un plateau largement ondulé, d'où émergent des hauteurs boisées, les côtes de Dieuze, les collines entre Château-Salins et Morhange, les côtes de Delme. Elles contribuent à donner une physionomie spéciale à la région située à l'ouest de la Sarre, vers les sources de la Seille, de la Rotte et de la Nied française. Dans cette plaine faiblement inclinée au nord-ouest sont creusées des cuvettes à fond plat où s'étendent les nombreux étangs, qui lui ont donné leur nom. Le plus connu et le plus considérable est l'étang de Lindre, à l'est de Dieuze. Ils sont surtout groupés entre Dieuze et Sarrebourg, mais un autre groupe de ces grands amas d'eau s'étend vers Gros-Tenquin, entre la Rotte et la Nied.

Deux canaux permettent, dans une certaine mesure, l'écoulement des eaux en excès, celui des Salines, qui va de Dieuze jusqu'auprès de Mittersheim, au nord-est, où il se relie au canal des Houillères. Ce dernier s'embranche près de Réchicourt sur le canal de la Marne au Rhin, et se dirige vers le nord, à peu près parallèlement à la Sarre, pour aboutir dans cette rivière à Sarreguemines.

En dehors de ces accidents du sol, une offensive dans la direction générale de Sarrebruck ne devait rencontrer d'autre obstacle que les troupes ennemies et les défenses qu'elles avaient improvisées. Toutefois, la présence sur leur flanc gauche d'une région fortifiée telle que Metz, Thionville était de nature à nous créer les plus graves difficulté, surtout en raison de notre infériorité numérique et de l'insuffisance de notre artillerie lourde.

Au sud de la région qui vient d'être esquissée, ia Lorraine française présente également l'aspect d'un plateau ondulé, où les massifs forestiers grands et petits abondent, où les cours d'eau se dirigent en thèse générale du sud-est au nord-ouest, sans constituer, comme au nord, de nombreux étangs.

Deux lignes de hauteurs à peu près parallèles, et orientées du sud-est au nord-ouest, forment, avec ces cours d'eau, barrière contre une invasion venant de l'Est.

La première est marquée entre Mortagne et Moselle par les collines de Saffais et de Belchamps; à l'est de Nancy par les hauteurs connues sous le nom de Grand-Couronné : mont d'Amance, mont Toulon, Sainte-Geneviève. Il avait souvent été question de les organiser défensivement et l'on s'y était enfin décidé au début de 1914, mais ces travaux étaient encore inachevés (1). Enfin, le Grand-Couronné se reliait à l'ouest de la Moselle, dans la boucle que décrit cette rivière avec Toul pour sommet, au vaste plateau de Haye, en grande partie boisé, et dont on a si souvent signalé l'importance stratégique. Il se relie à la place de Toul, qui tient l'intervalle entre la Meurthe et la Meuse. Lui aussi avait été organisé défensivement.

Au nord de la région qui vient d'être décrite, s'étend la Woëvre, vaste région faiblement ondulée, au sol d'argile compacte que les pluies rendent souvent impraticable. Vers l'est, elle est limitée par les collines au travers desquelles la Moselle a dû s'ouvrir passage en amont et en aval de Metz. Vers l'ouest, elle se termine brusque-

---

(1) Nous reviendrons sur cette importante question dans un travail ultérieur.

ment par une sorte de falaise boisée. C'est la ligne des Hauts-de-Meuse, dirigée sensiblement du sud au nord. Nous avons dit quelle est leur importance dans la protection de nos frontières (1).

III

Au début, les Allemands occupaient des positions défensives comprises entre Avricourt et Craincourt (à l'ouest de Delme)' c'est-à-dire à quelques kilomètres de la frontière; elles étaient jalonnées de l'est à l'ouest par les collines de Donnelay et de Juvelize, par celles qui dominent au nord Vic-sur-Seille et Château-Salins, enfin par les crêtes de Jallancourt et de Malancourt.

Cette organisation défensive était couverte au sud par des inondations tendues dans la vallée de la Seille. A l'est, les digues de l'étang de Lindre avaient été rompues le 10 août, transformant ses abords en marécages impraticables.

La gauche de la ligne allemande vers Donnelay et Juvelize était couverte en outre par des éléments avancés qui, pendant la concentration, se heurtèrent à notre cavalerie sur la Vezouze, vers Saint-Martin et Réclonville.

Autant qu'on peut le savoir actuellement, les forces allemandes en face de la 2ᵉ armée comprenaient, au début, trois ou quatre corps d'armée et deux divisions de cavalerie : vers Delme, le IIIᵉ corps bavarois; entre Delme et Château-Salins, le IIᵉ bavarois; entre Château-Salins et Sarrebourg, le XXIᵉ corps, qui avait assuré la couverture au sud-est de Metz. Entre Réchicourt et le Donon, le

---

(1) V. *supra*, p. 43-45.

Iᵉʳ corps bavarois faisait face à la fois aux 1ʳᵉ et 2ᵉ armées ; les deux divisions de cavalerie étaient dans la région de Réchicourt (1).

En outre, dès le 15 août, on signala un certain nombre de corps de réserve intercalés dans cette ligne, sans pouvoir les identifier d'une façon positive. De même, il s'y trouva des brigades ou des divisions de landwehr et une grande partie de la garnison de Metz.

Du 2 au 14 août, le 20ᵉ corps assurait la couverture dans le région que nous venons d'étudier. Jusqu'au 4 août, nos éléments avancés étaient maintenus à dix kilomètres de la frontière, suivant l'ordre donné. L'ennemi en profitait pour violer sur plusieurs points le territoire, notamment à Xousse, Vaucourt et Remoncourt, à l'ouest d'Avricourt. C'est le 4 août seulement que la couverture réoccupait une partie de ses emplacements normaux. Le 20ᵉ corps poussait ses avant-postes jusqu'à la frontière, le long de la Seille et de la Loutre noire, ainsi que dans la forêt de Parroy.

Nous avions constaté la présence sur la Seille de faibles éléments d'infanterie ennemie, appuyés par plusieurs régiments de cavalerie. Le 5 août, le contact était pris. Nous avions devant nous le XXIᵉ corps, qui faisait couverture avec une division de cavalerie. Cette dernière était repoussée le 9, vers Réclonville, par la nôtre (6ᵉ division de cavalerie).

Le 10, deux bataillons du 15ᵉ corps enlevaient à la baïonnette le village de La Garde, au nord du canal de la Marne au Rhin. Dans la région de Château-Salins, au nord-ouest, vers Moncel, un bataillon et une batterie alle-

---

(1) Sans doute Réchicourt-le-Château, au nord-est d'Avricourt. Il y a un autre Réchicourt, dit la-Petite, au sud de Marsal.

mande venant de Vic attaquaient nos avant-postes qui les repoussaient avec des pertes sérieuses (1). Mais, dès le lendemain, nos troupes étaient chassées de La Garde avec de fortes pertes (2).

A la suite de ces incidents, le général de Castelnau prescrivait de recueillir les unités qui viendraient à être engagées contre des forces supérieures, mais de ne pas se laisser entraîner à une action d'ensemble, qui pourrait contrarier les vues du commandement.

D'ailleurs, après la reprise de La Garde, les Allemands ne poursuivaient par leur contre-attaque du 11. Ils bombardaient Pont-à-Mousson les 11 et 12 août, ouvrant ainsi la liste des bombardements sans aucun intérêt militaire qu'ils devaient multiplier dans les proportions que l'on sait.

Le 13, à Chambrey, station de la ligne de Nancy à Château-Salins, deux compagnies du 18ᵉ bavarois, surprises par nos troupes, étaient refoulées avec de fortes pertes (3).

A cette date du 13 août, la première partie de la con-

---

(1) *Bulletin français* du 11 août, 23 h. 30. Du combat de La Garde le rédacteur concluait : « Les Allemands ne résistent décidément pas à l'arme blanche ».

(2) *Bulletin français* du 13 août, 10 heures : Deux bataillons qui s'étaient emparés du village de La Garde en ont été chassés par une contre-attaque de forces très supérieures et rejetés sur Xures.

Communiqué allemand du 12 août : Une brigade mixte (?) du 15ᵉ corps a été attaquée près de La Garde et rejetée dans la forêt de Parroy. Les Français ont perdu un drapeau, deux batteries et quatre mitrailleuses, ainsi que 700 prisonniers. Un général a été tué.

Communiqué allemand du 13 août : Près de La Garde, les Allemands ont fait plus de 1.000 prisonniers.

L'auteur du *Carnet de route d'un officier d'alpins*, 1ʳᵉ série, p. 12, a vu à La Garde plus de quatre tombes communes, contenant chacune de 100 à 300 Allemands.

(3) *Bulletin français* du 14 août, 10 heures.

centration était achevée. Les unités combattantes de la 2ᵉ armée avaient terminé leur débarquement et le dispositif général était le suivant :

A droite, le 16ᵉ corps (général Taverna) était à Lunéville et Xermaménil; le 15ᵉ (général Espinasse) à Haraucourt, Drouville, Serres, Courbesseaux; le 20ᵉ corps (général Foch) bordait avec ses éléments avancés la Loutre noire, de Bezange-la-Grande à Moncel, ses gros s'échelonnant dans la région Nancy, Laneuveville, Hoéville. La 70ᵉ division de réserve, général Fayolle, tenait la droite du Grand-Couronné, vers Amance; à gauche, le 9ᵉ corps, général Dubois, le front nord, avec ses avant-postes sur la Seille.

En seconde ligne, quatre bataillons de chasseurs étaient à Saint-Nicolas; les 59ᵉ et 68ᵉ divisions de réserve à Vandœuvre et à Laxou, en arrière de Nancy.

Sur l'ordre d'offensive générale donné pour le 14 août par le commandant en chef, le général de Castelnau prescrivait, dans la soirée du 13, aux 15ᵉ, 16ᵉ corps et au gros du 20ᵉ, d'attaquer le lendemain en direction générale d'Avricourt, le 20ᵉ corps se couvrant vers le nord du reste de ses troupes.

IV

Le matin du 14 août, toute la 2ᵉ armée se mettait en mouvement, le 16ᵉ corps à droite, vers Igney et Moussey, le centre vers Avricourt; le 15ᵉ vers Mouacourt, Parroy et Serres; le 20ᵉ vers Xanrey, la forêt de Bezange et Chambrey.

Dans la soirée, nous bordions la ligne : Gondrexon, Signal de Xousse, Moncourt, Réchicourt-la-Petite, Juvrecourt. La seule résistance sérieuse avait été rencontrée par le 15ᵉ corps à Moncourt (1). Elle avait arrêté ses progrès au delà de ce village, non sans des pertes marquées qui exercèrent sur lui une influence fâcheuse. Le 15 août, « un grand nombre de ses unités, très éprouvées la veille », ne participèrent pas à l'action, en sorte que les progrès du corps d'armée ce jour-là paraissent avoir été nuls. Les autres corps en furent sensiblement ralentis, le 16ᵉ allant seulement jusqu'à Igney, Avricourt, le 20ᵉ jusqu'à Bezange-la-Petite, Xanrey, la lisière nord de la forêt de Bezange. A l'extrême gauche, le 9ᵉ corps, tout en continuant d'occuper le secteur nord du Grand-Couronné, poussait un détachement à Nomeny, Bénicourt, Clémery (2).

Le général de Castelnau croyait voir l'ennemi tenir fortement, le 16 août, sur les positions qu'il occupait. Dans la soirée du 15, il donnait des ordres en vue d'une attaque méthodique. Mais, contrairement à son attente, les Allemands continuaient leur retraite et notre marche en avant pouvait reprendre sans difficulté.

Le 16ᵉ corps atteignait Azondange, Réchicourt-le-Château, La Garde; le 15ᵉ, le front château de Marimont, Dônnelay; le 20ᵉ, les hauteurs ouest et nord-ouest de Donnelay, Moyenvic et Vic; Le 9ᵉ corps restait en flanc-garde sur ses positions de la veille (3).

---

(1) D'après Hanotaux, IV, p. 49-50, la 29ᵉ division rencontrait l'ennemi au piton de Moncourt et au bois au nord du Sanon, près La Garde. Elle attaqua, vers 15 heures, avec un entrain tout méridional et subit un feu déconcertant de 105, de 77, de mitrailleuses et de fusil. Le combat dura 5 heures et l'ennemi reflua sur la Seille.

(2) Trois bataillons et un groupe de la 18ᵉ division, ayant mission de dégager Nomeny, où l'ennemi faisait des réquisitions. Il opposa une très faible résistance. L'un de nos bataillons trouva sur le bord d'une route le cadavre d'un enfant de 10 à 12 ans que des cavaliers ennemis avaient tué à coups de lance. Cette funèbre trouvaille fut d'un grand effet moral.

(3) Toutefois le 7ᵉ hussards était poussé à Mazerulles, sur la route

D'après les prisonniers, l'ennemi avait fait de grosses pertes, le 11 août, lors de la reprise de La Garde; il souffrait beaucoup de la chaleur; nos obus explosifs avaient produit un grand effet. En outre, on trouvait au sud de Marsal de nombreuses tranchées abandonnées, quantité de munitions restées sur place. Cet ensemble paraissait indiquer que les Allemands étaient fortement ébranlés et la confiance de nos troupes en était accrue.

Le 17 août, l'armée devait pivoter autour de sa gauche, afin de se redresser en vue de la marche sur Sarrebruck. A la fin du jour, le 16ᵉ corps atteignait sans difficultés le triangle Bisping, Angviller, Guermange (ou Germingen), sa droite au canal des Houillères; le 15ᵉ bordait la Seille et occupait Marsal (1), évacué, mais ne pouvait assurer ses débouchés au nord de la rivière. Le 20ᵉ corps entrait à Château-Salins et lançait des reconnaissances vers le nord. Au 9ᵉ corps, le 90ᵉ, 17ᵉ division, passait la frontière et s'installait en flanc-garde à Manhoué et Aboncourt, sur la Seille.

Dans la nuit, le 16ᵉ corps avait un vif combat à Rorbach, au nord-ouest. Néanmoins, on gardait l'impression de n'avoir en face de soi que des arrière-gardes, dont les gros se seraient repliés, le Iᵉʳ corps bavarois sur Sarrebourg, le XXIᵉ corps et l'aile gauche du IIᵉ bavarois sur Morhange, au nord-ouest.

V

Le général de Castelnau comptait déboucher au nord de la Seille le 18 août. Mais, dès le matin, le 16ᵉ corps ren-

---

de Château-Salins à Nancy; la 17ᵉ division allait dans la région Agincourt, Dommartin-sous-Amance.

(1) Les fortifications de cette ancienne place avaient été rasées.

contrait de sérieuses difficultés. Des forces importantes occupaient les bois de Mittersheim, de Loudrefing et de Cutting. Le corps de cavalerie, qui devait opérer à sa droite et faciliter ses progrès, était arrêté par l'infanterie allemande à Dolving et à Gosselming, au nord de Sarrebourg. A sa gauche, le 15ᵉ corps, redoutant l'artillerie lourde, n'occupait pas Dieuze et ne dépassait pas la ligne Zommange (Zemmingen), Marsal. Le 16ᵉ corps, ainsi laissé en flèche, jugeait nécessaire de se replier sur Angviller, sans y avoir été forcé par l'ennemi.

Le 20ᵉ corps était seul à gagner du terrain dans le bois de Geline, sur les collines au nord de Morville-les-Vic et de Château-Salins, ainsi que sur le plateau de la Marchande, au sud-ouest de cette ville.

Le 18 août, au soir, la 2ᵉ armée était ainsi répartie (1) : A droite, le 16ᵉ corps, en liaison avec la 1ʳᵉ armée vers Dianne-Capelle. Après la tentative faite par la 31ᵉ division pour déboucher sur Londrefing, ce corps d'armée tenait Angviller (Angweiler) avec la 32ᵉ division. A sa gauche, le 15ᵉ corps bordait la Seille avec des détachements à Zommange et à Vergaville, mais n'avait pas encore occupé Dieuze. Le 20ᵉ corps, à gauche du 15ᵉ, était entré la veille à Château-Salins et s'était assuré les passages de la Seille et leurs débouchés. Il avait la 39ᵉ division à gauche vers Coutures, la division « de fer » (11ᵉ) à droite vers Morville. Au 9ᵉ corps, la 17ᵉ division se portait dans la région Attiloncourt, Pettoncourt, Mazerulles, Brin, Champenoux, avec des avant-postes sur le front Bioncourt, Crémecey, Chambrey. La 18ᵉ division se rassemblait vers Sivry, Bratte, prête à être relevée par la 59ᵉ division de réserve et à suivre la 17ᵉ division. C'est dans cette même

---

(1) P. H. Courrière, *loc. cit.* p. 110 et suiv.

journée du 18 août que survenait l'ordre mettant le
9ᵉ corps à la disposition du général en chef. Il s'embarquait à partir du 19 pour les Ardennes. La couverture
vers Metz allait être assurée par le 2ᵉ groupe de divisions
de réserve, général Pol Durand, dont la 68ᵉ venait à Fresnes-en-Saulnois (1).

Après les quatre dures journées supportées par la 2ᵉ
armée, le général de Castelnau aurait voulu lui laisser
le 19 un repos relatif, mais la menace sur la droite
de la 1ʳᵉ armée de forces importantes débouchant de la
région de Phalsbourg, Obersteigen amenait le commandant en chef à prescrire de reprendre l'offensive dès le
matin du 19.

Suivant les dispositions arrêtées par l'état-major de la
2ᵉ armée, le 16ᵉ corps allait attaquer de nouveau sur
Loudrefing, le 15ᵉ sur Rodalbe et le 20ᵉ vers Faulque-
mont.

Pour dégager le 16ᵉ corps de la région des Etangs et
lui permettre de continuer son offensive vers le nord, le
15ᵉ corps avait ordre d'attaquer dans la direction de Vergaville et d'assurer au nord de Dieuze un débouché à
l'ensemble de l'armée.

De grand matin, le bataillon d'avant-garde de la 29ᵉ
division traversait le bois de Morsack et s'engageait dans
Dieuze. Tout y paraissait tranquille. Au sortir de cette
petite ville, quelques coups de fusil retentissaient. Il faisait encore nuit. Le bataillon se déployait et continuait

---

(1) M. Hanotaux, IV, p. 54, note la surprise causée parmi nos
troupes par la froideur des habitants de la Lorraine annexée. Des
émissaires les avaient, dit-on, menacés des pires représailles. Lire, dans
le même sens, capitaine Rimbault, p. 41, 49, 69 et *Carnet de route
d'un officier d'alpins*, I, p. 18.

vers Vergaville qui apparaissait dans la brume. On pénétrait dans ce village, qui était vide (7 heures).

Au delà s'étendait un vaste espace découvert, limité au sud-est par le canal des Salines et au nord par une ligne de crêtes, derrière lesquelles la voie ferrée de Sarrebourg à Metz par Bénestroff s'allongeait vers le nord-ouest. Ces crêtes, dont la ligne générale allait de Marthil à Fénétrange par Baronviller, Morhange, Bénestroff et Guinzeling, avaient été organisés d'une façon formidable depuis le 1ᵉʳ août: des tranchées bétonnées, précédées de réseaux de fils de fer, semées d'emplacements de mitrailleuses; en arrière, des batteries lourdes ou légères dûment abritées. Le terrain en avant avait été repéré, mesuré, fouillé dans ses moindres replis. Des plans quadrillés étaient à la disposition de l'artillerie, de l'infanterie, des aviateurs. Rien de plus facile que de préciser l'emplacement de nos troupes ou de nos batteries (1).

Dès que la 29ᵉ division débouchait vers Bidestroff (Biederdorf) et la 30ᵉ division à sa gauche, vers la pointe nord-est de la forêt de Bride et de Kœking, elles étaient prises sous un feu violent. On essayait néanmoins de gagner du terrain par bonds et on parcourait ainsi huit cents à mille mètres. Mais bientôt on était cloué sur place par les obus (2) (midi environ).

Vers 15 heures, la 29ᵉ division se jetait sur Bidestroff, espérant y trouver des abris; elle y était aussitôt sous

---

(1) **Paul H. Courrière**, *loc. cit.*, p. 112, d'après les *Notes d'un témoin du 15ᵉ corps*. Cf. *Carnet de route d'un officier d'alpins*, I, p. 20 et suiv., et Hanotaux, IV, p. 251, d'après la *Dépêche de Toulouse*, du 20 au 23 juin 1915.

(2) Le même témoin (*Carnet d'un officier d'alpins*, I, p. 23) note que, dans sa section, ainsi arrêtée, la plupart des hommes s'étaient endormis sous la double influence de la chaleur et de la fatigue nerveuse.

le feu des batteries en position au nord de Domnom (Dommenheim) et subissait de grosses pertes. Notre artillerie (1), installée au sud du canal des Salines, à l'ouest de Lindre-Haute, essayait de lutter contre les pièces lourdes allemandes. Mais elle était repérée par les avions ennemis et contrainte à des déplacements continuels. Une partie de la 29ᵉ division demeurait le soir dans Bidestroff, le reste se reportait vers Dieuze, occupant Zommange et Vergaville, sans que le corps d'armée en fût venu à un véritable combat.

Le 16ᵉ corps restait tout le jour dans ses emplacements vers Angwiller et Bisping, attendant l'appui du 15ᵉ corps pour déboucher des grands bois au nord-ouest. La 31ᵉ division, très éprouvée la veille lors de son repli sur Angwiller, devait être relevée par la 32ᵉ.

Le 20ᵉ corps avait repris son offensive, dès 4 heures du matin, sous la protection de fortes reconnaissances de cavalerie. A gauche, la 39ᵉ division progressait par Fonteny et Oron, Chicourt; à droite, la 11ᵉ par Haboudange (Habudingen). Entre le gros de ce corps d'armée et celui du 15ᵉ s'étendait l'épais massif, difficilement franchissable, de la forêt de Bride et de Kœking. La liaison était donc imparfaitement assurée de notre centre à notre gauche.

Le 4ᵉ bataillon de chasseurs marchait à l'avant-garde de la 11ᵉ division. Vers 13 heures seulement, ses premiers éléments se heurtaient à des avant-postes ennemis (2). Haboudange était néanmoins atteint sans difficulté. Mais devant Pévange (Pewingen), la 22ᵉ brigade était accueil-

---

(1) 6 batteries de 75 et 2 de 120 long, d'après Hanotaux, IV, p. 251.
(2) Paul H. Courrière, p. 113.

lie par un feu vif d'artillerie et de mitrailleuses qui n'empêchait pas le 37ᵉ d'enlever ce village.

A 21 heures, le 20ᵉ corps était aligné sur le front Oron, Bréhain, Pévange, Conthil. La nuit était belle, bien que sombre. Partout les projecteurs allemands balayaient nos positions, non sans surprise pour nos troupiers qui n'étaient pas encore familiarisés avec ce nouveau genre de guerre.

A gauche, la 68ᵉ division de réserve avait relevé le 9ᵉ corps et s'était portée jusqu'à Fresnes-en-Saulnois et Laneuveville-en-Saulnois, au nord-ouest de Château-Salins. Elle couvrait le 20ᵉ corps vers Metz. La 70ᵉ division de réserve dans la vallée de la Seille vers Manhoué et la 59ᵉ sur le Grand-Couronné, de Leyr à Sainte-Geneviève, assuraient la protection directe de Nancy.

Vers notre gauche, l'ennemi avait montré peu d'activité, contre ce qui se passait à la droite. Nous connaissions par les avions l'existence de positions défensives organisées sur la ligne Marthil, hauteurs au sud de Baronville, Morhange, Rodalbe, Bénestroff. Il n'avait pas été possible de savoir si elles étaient occupées par des arrière-gardes couvrant une retraite ou par des gros. Du moins, telle est la raison mise en avant à l'époque visée. Mais il semble que, pour des observateurs perspicaces, il est des indices de retraite qui ne trompent pas; d'autres sont de nature à faire apprécier l'importance des effectifs qui garnissent une position donnée.

Un fait certain est que l'armée ignorait les intentions de l'ennemi. Mais ce qui venait de se passer en avant de Sarrebourg pouvait faire prévoir qu'en avant de Château-Salins, après avoir paru céder aisément sous notre pression, les Allemands prendraient l'offensive avec la supériorité du nombre et du matériel.

VI

Malgré l'incertitude de cette situation et pour en sortir plus vite, le général. de Castelnau estima nécessaire d'assurer aussitôt que possible le débouché du 16ᵉ corps au nord du canal des Salines.

Le 19, à 17 heures, il lui prescrivait, ainsi qu'au 15ᵉ corps, d'attaquer simultanément, après entente, le front Cutting, Domnom, Bassing, au nord-est de Dieuze. Ils auraient à poursuivre cette offensive jusqu'à rejet de l'ennemi au nord de la ligne ferrée de Sarrebourg à Metz, par Benestroff.

Quant au 20ᵉ corps, il se bornerait à s'installer sur le terrain occupé le 19, se tenant prêt, soit à continuer son mouvement vers le nord ou le nord-est, soit à faire face vers Metz, si une attaque sortait de ce camp retranché, comme il était toujours possible. Il n'y a que 41 kilomètres, en effet, de Metz à Château-Salins (1), ce qui veut dire qu'en une étape la garnison de cette grande place pouvait agir sur notre gauche.

Le 20ᵉ corps, tout en demeurant immobile, aurait à entretenir une étroite liaison avec le 15ᵉ. Il mettrait à profit cette journée de repos pour resserrer le contact avec l'ennemi et procéder aux reconnaissances nécessaires à l'emploi de son artillerie et à l'exécution de ses atttaques éventuelles.

Le 20 août, à 4 heures du matin, par une forte brume, au moment où les troupes du 16ᵉ corps allaient prendre l'offensive vers Bénestroff, elles étaient elles-mêmes attaquées par les Allemands. La 63ᵉ brigade recevait le pre-

---

(1) Distance de centre en centre et à vol d'oiseau.

mier choc. A Rorbach, le 63ᵉ, qui paraît s'être mal gardé, était brusquement assailli par des forces considérables qui s'étaient, pendant la nuit, glissées dans les bois à l'est et à l'ouest. Le général Diou, vétéran des campagnes d'Afrique et du Tonkin, était tué alors qu'il donnait l'exemple, le fusil à la main. Un bombardement continu d'artillerie lourde écrasait toute la ligne du 16ᵉ corps, tandis que des masses ennemies traversaient la route de Dieuze à Fénétrange et poussaient sur Zommange, à l'abri des bois qui bordent au nord l'étang de Lindre et ses prolongements vers Rorbach. Les 31ᵉ et 32ᵉ divisions défendaient le terrain pied à pied, arrêtant la poussée très vive des Bavarois par de fréquentes charges à la baïonnette (1). Le colonel Berguin, du 143ᵉ, bien que déjà blessé, avait gardé son commandement. Un officier bavarois le blessait encore d'un coup de sabre. De nouveau il refusait de quitter sa troupe. De même au 96ᵉ, le lieutenant Boyat, atteint successivement de cinq blessures, restait à sa section jusqu'à épuisement complet de ses forces. Le colonel Henry, blessé lui aussi, demeurait à la tête du 122ᵉ.

L'échec du 8ᵉ corps à Sarrebourg, celui du 15ᵉ dont nous allons parler, rendaient la situation du 16ᵉ corps encore plus délicate. Dès le matin, il avait pris l'utile précaution de faire refluer parcs et convois vers le sud. Quant aux troupes, le soir elles stationnaient sur la ligne Hellocourt, Maizières, château de Marimont, après avoir perdu plus de treize kilomètres depuis Rorbach.

De même, au 15ᵉ corps, au moment où l'on allait reprendre l'offensive sur Bénestroff, dès les premières heures du jour, les éléments de sûreté étaient attaqués

---

(1) P. H. Courrière, p. 114.

et se repliaient en tiraillant. Les Allemands déclenchaient leur offensive des hauteurs de la forêt de Bride et de Kœking, sur le flanc de la 30ᵉ division, au nord-ouest de Vergaville, et des hauteurs de Bassing, sur le front de la 29ᵉ division, en avant de Bidestroff.

A gauche, la 30ᵉ division, qui prenait l'offensive, réussissait d'abord à progresser, malgré le terrain marécageux où les unités enfonçaient jusqu'à mi-jambe et sous le tir violent de l'ennemi. Mais, vers 10 heures, ce feu redoublait et clouait notre infanterie sur place. A 11 heures, les bataillons de chasseurs, appelés pour donner l'assaut, étaient décimés avant même d'avoir atteint les tranchées ennemies. Puis de vigoureuses contre-attaques obligeaient nos troupes à se replier vers Dieuze, avec des pertes graves. Au 61ᵉ, le colonel Leblanc, le bras traversé de deux balles, gardait son commandement sans même se faire panser (1).

Contre la 29ᵉ division, l'attaque était plus violente encore. La 57ᵉ brigade (111ᵉ et 112ᵉ), qui défendait les abords de Bidestroff, menacée d'enveloppement, devait, après une résistance de plusieurs heures, évacuer ce village. Le 3ᵉ régiment, qui tentait une contre-attaque sur le moulin de Bidestroff, était arrêté par des tirs de barrage. A Lindre-Haute, où le général Carbillet avait ordre de tenir une heure, la 29ᵉ division résistait cinq heures durant. Le colonel du 112ᵉ, Garnier, gardait son commandement bien que sérieusement blessé; celui du 141ᵉ, Chartier, restait sur le terrain (2); le général Gasquy était blessé.

---

(1) P. H. Courrière, p. 107.

(2) Il était pris avec les débris du 3ᵉ bataillon dont il ne revenait que 96 hommes. Le régiment avait perdu près de 1.700 hommes (Hanotaux, IV, p. 259, d'après le *Petit Marseillais* du 30 janvier 1915).

Le repli s'opérait sur Dieuze, couvert par l'artillerie. La batterie de Barbeyrac de Saint-Maurice, du 38ᵉ, prenait position à la sortie de Vergaville et, bien que sous le feu de l'artillerie lourde et du 77, tenait pendant sept heures, sans perdre ni hommes ni matériel.

A Dieuze, où refluaient les deux divisions, le désordre était extrême (1). Heureusement, l'ennemi poursuivait mollement. Au sud de la ville, les 23ᵉ et 27ᵉ bataillons de chasseurs alpins prenaient position sur les deux mamelons cotés 252 et 254, au sud-ouest de la station de Gelucourt. Ils arrêtaient les Allemands, permettant à la 29ᵉ division de se rallier et de se reformer autour des fermes Krapftel et Videlange.

De 14 heures à la nuit, ces deux bataillons résistaient avec opiniâtreté. Grièvement blessé, le capitaine Détourbet, du 23ᵉ, se faisait remettre un fusil et usait ses dernières forces à tirer sur l'ennemi.

De même, le 173ᵉ, gardé jusqu'alors en réserve générale, couvrait la retraite de la 30ᵉ division.

On a fréquemment fait peser sur le 15ᵉ corps la responsabilité de l'échec de la 2ᵉ armée, le 20 août. Cette accusation paraît exagérée. A en juger d'après M. Paul H. Courrière, ces troupes, « harassées par des marches et des contre-marches, par des nuits sans sommeil », avaient « accompli des prodiges de valeur et de ténacité ». Elles ne laissèrent, dit-il, pas une voiture, pas un bagage aux mains de l'ennemi (2). Il semble bien que ces appréciations soient **fort indulgentes.**

---

(1) P. H. Courrière, p. 117, d'après le *Carnet de route d'un officier d'alpins*, I, p. 32.

(2) P. H. Courrière, p. 119. Cf. Hanotaux, IV, p. 259. Ces affirmations sont contredites par les communiqués allemands que nous citons **plus loin.**

A la gauche de l'armée, le 20ᵉ corps avait reçu de son chef, le général Foch, l'ordre de se rendre maître définitivement des collines au nord de Morhange et de Baronville, deux points qu'il avait atteints la veille. Il agirait ensuite vers Racrange, Rodalbe et Sainte-Suzanne (1), de façon à étayer l'action du 15ᵉ corps (2).

Le corps d'armée se portait en avant dès que le brouillard commençait à se dissiper. A gauche, la 39ᵉ division avait comme objectifs le Signal de Baronville, le Signal de Marthil, Bréhain; à droite, la 11ᵉ division allait marcher sur le front Racrange, Morhange, en occupant la cote 343 à la pointe nord de la forêt de Bride, afin de se relier au 15ᵉ corps. Mais, dès 6 h. 30, le général de Castelnau prescrivait de suspendre cette double offensive, sans doute sous l'impression des nouvelles de sa droite. Le commandant du 20ᵉ corps faisait alors connaître que, suivant l'ordre reçu de l'armée et afin d'appuyer avant tout la gauche du 15ᵉ corps, il ne renforcerait pas les éléments déjà engagés de Morhange à Baronville.

La droite du 20ᵉ corps allait donc soutenir le 15ᵉ, le reste du corps d'armée se bornant à tenir les positions occupées : cote 343, Lidrezing, Conthil, Riche, Haboudange, Bellange, Signal de Marthil, Bréhain, lisières nord et ouest des bois au nord-ouest de Château-Salins, où il se reliait avec les divisions de réserve. On se fortifierait sur cette ligne, de façon à pouvoir y résister à toute attaque. En outre, on préparerait une seconde ligne de résistance :

---

(1) A l'est de Morhange. Sainte-Suzanne est un écart entre Rodalbe et Bénestroff.

(2) Ces ordres du commandant de corps d'armée semblent donner une fâcheuse extension à ceux donnés par l'armée. Cf. Hanotaux, IV, p. 259, qui accentue notre impression au détriment du général Foch.

Haut-de-Kœking (1), saillant nord du bois d'Haboudange, cote 271 à l'est de Vannecourt, Dalhain, Château-Bréhain. L'ensemble dessinerait une sorte de demi-circonférence ouvrant au nord-est, ce qui s'explique difficilement.

Le mouvement offensif du 20ᵉ corps était à peine entamé, que l'artillerie lourde allemande, soigneusement défilée derrière les crêtes qui dominent la Nied française, ouvrait un feu violent sur les colonnes de la 39ᵉ division; une fusillade terrible l'atteignait en même temps de flanc (2). Nos régiments tenaient plusieurs heures sous cette pluie de projectiles, repoussant les attaques répétées du IIIᵉ corps bavarois en entier. Les 156ᵉ et 160ᵉ enlevaient même les premières défenses de l'ennemi, mais ces tranchées étaient, dit-on, gardées uniquement par des mannequins. Nos soldats y entraient à peine qu'ils étaient pris d'enfilade par des mitrailleuses et du canon (3). Le colonel Bérot, du 146ᵉ, était mortellement atteint; celui du 153ᵉ, Loiseau de Grandmaison, l'auteur bien connu des *Deux Conférences* faites en 1911 aux officiers de l'état-major de l'armée (4), était atteint de deux blessures à la tête. Il en devait recevoir de nouvelles le lendemain et ne se laissait emporter qu'à la sixième. Finalement, la 39ᵉ division était contrainte de se replier sur Château-Salins, en perdant près de dix kilomètres de terrain (5).

---

(1) Au nord de la forêt de Bride.

(2) La principale attaque allemande paraît avoir débouché des collines à l'ouest de Destry.

(3) P. H. Courrière, p. 119.

(4) Voir *La grande guerre sur le front occidental. Les éléments du conflit*, p. 274.

Le général de Grandmaison a été tué le 18 février 1915, près de Soissons.

(5) Deux groupes divisionnaires lui étaient pris. M. Hanotaux, IV, p. 259-266, paraît exagérer la rapidité de la défaite de la 39ᵉ division, quand il écrit qu'en une demi-heure elle était en retraite.

La 11ᵉ division était attaquée à peu près de même. Un ouragan de fer et d'acier s'abattait sur elle jusqu'à 14 heures, puis le XXIᵉ corps détachait contre son flanc gauche une formidable attaque qui la rejetait sur Haboudange et Lidrequin après une résistance héroïque. Mais ce repli, qui résultait en partie de la retraite de la 39ᵉ division, était celui de troupes conscientes de leur valeur. Avec un de ses détachements, capitaine Noller, le 26ᵉ ramenait cent seize prisonniers, dont trois officiers, et seize voitures de munitions.

Le 4ᵉ bataillon de chasseurs assurait la retraite de la division par Pévange, Haboudange. Après des pertes cruelles, il atteignait Château-Salins à la nuit. Le sous-lieutenant Xavier de Castelnau était tué au moment où il venait de rejeter l'ennemi par une vigoureuse contre-attaque. Son père, le commandant de la 2ᵉ armée, dictait un ordre quand un officier se présente à lui et annonce d'une voix émue la mort de Xavier. Sous ce coup, le général garde un instant le silence, puis, se tournant vers ses officiers : « Continuons, messieurs », et il reprend sa dictée (1).

A la gauche du 20ᵉ corps, la brigade coloniale d'Oron et de Chicourt était surprise par la fusillade au moment où elle faisait le café (2). Le village de Chicourt était rapidement évacué et la brigade s'établissait d'abord à Oron et au nord de la cote 270, puis, sous les obus qui affluaient, au sud d'Oron. On lui avait demandé de tenir trois heures pour couvrir la retraite du 20ᵉ corps. Malgré le bombar-

---

(1) P. H. Courrière, p. 122. Le général devait encore en perdre un deuxième, Gérald, le 8 septembre 1914; Hugues fut blessé en octobre 1915.

(2) Cf. Christian Frogé, *Morhange et les marsouins en Lorraine*, p. 49.

dement d'artillerie lourde, malgré les attaques répétées d'une division du III° corps bavarois, sa ligne ne fléchit pas, mais les pertes furent lourdes. Le général Wirbel fut blessé, le colonel du 43° colonial blessé et pris.

Après un arrêt de sept heures, ces bataillons se retirèrent sur Fonteny (vers 14 heures), puis gagnèrent la route de Delme à Château-Salins, sous la protection d'une batterie du 60°.

Vers la côte de Delme, la 68° divison de réserve, découverte par la retraite du 20° corps, était en outre violemment attaquée sur tout son front, de Viviers à Donjeux, par de fortes colonnes venant de Metz. Elle leur opposait une résistance acharnée. Le lieutenant-colonel Barraud, du 344°, était grièvement blessé dans une contre-attaque. Le sous-lieutenant Guy Granier de Cassagnac blessé une première fois, gardait le commandement de sa section jusqu'à ce qu'une balle l'atteignît mortellement. Il refusait d'être emporté, disant qu'il voulait mourir en territoire annexé (1).

La bataille s'étendait jusqu'à la Seille, vers Nomeny et Port (2), où se tenaient des éléments des 70° et 59° divisions de réserve qui avaient creusé des tranchées. La 3° division de réserve bavaroise, sortie de Metz pour tourner la gauche de la 2° armée, attaquait vers 9 heures,

---

(1) P. H. Courrière, p. 122 et suiv. Cf., dans le même sens, Hanotaux, IV, p. 266-280. D'après une autre version, la 68° division se serait avancée jusqu'à Lémoncourt seulement, sans rencontrer de résistance sérieuse et sa retraite aurait simplement résulté de celle du 20° corps.

. (2) P. H. Courrière, p. 125, écrit jusqu'à *Han*, mais il ne peut s'agir de Han-sur-Nied.

D'après Hanotaux, IV, p. 266-280, la 68° division se replia sur Laneuveville et Jallancourt, puis sur la lisière nord de la forêt de Grémecey. Une brigade et un groupe de la 70° division passèrent la Seille pour la recueillir et attaquer les Bavarois dans leur flanc droit.

écrasant Nomeny de ses obus et jetant son infanterie en avant par Eply et par Raucourt. Elle était repoussée par de fréquentes contre-attaques, dont l'une coûtait la vie au lieutenant-colonel d'Uston de Villeréglan, commandant le 325e.

Dans l'ensemble, l'échec de notre gauche était complet. Au centre et à la droite, les 16e et 15e corps étaient dans une situation difficile, talonnés par l'ennemi à travers un pays d'étangs et de forêts où les mouvements rétrogrades exposaient à de multiples et graves dangers. Le général de Castelnau décidait la retraite générale (vers 16 heures).

Il convient d'ajouter que les Allemands avaient subi de fortes pertes, dues surtout à notre 75. Dans une proclamation à son armée, le prince Ruprecht de Bavière allait dire : « Tout n'est pas terminé. Il faut encore nous servir de nos forces pour défaire complètement l'ennemi » (1).

Après avoir transporté son poste de commandement de Maizières à Arracourt (2), le général de Castelnau pres-

---

(1) P. H. Courrière, p. 125. Voici comment le *Bulletin français* du 20 août, 23 heures, résume la journée en Lorraine : « La journée d'hier (?) a été moins heureuse que les précédentes, nos avant-gardes se sont heurtées à des positions très fortes et ont été ramenées par une contre-attaque sur nos gros, qui se sont solidement établis sur la Seille et sur le canal de la Marne au Rhin ».

D'après le *Communiqué allemand* du 21 août, les troupes du prince héritier de Bavière ont remporté, le 20, une victoire entre Metz et les Vosges. L'ennemi a été battu sur toute la ligne, avec des pertes importantes. Plusieurs milliers de prisonniers et de nombreuses pièces d'artillerie ont été capturés. « Nos troupes, animées d'un élan irrésistible, ont poursuivi l'ennemi et le combat continue aujourd'hui ».

Le *Bulletin français* du 21 août, 15 heures, a la naïveté de constater que, « ce matin, il n'y a plus aucun point du territoire français occupé par l'ennemi, sauf une légère avance à Audun-le-Roman ».

(2) Maizières, à mi-route entre Sarrebourg et Vic; Arracourt au sud de Moyenvic.

crivait aux trois corps d'armée de se dérober pendant la nuit, pour se reconstituer. Des arrière-gardes, établies sur la ligne générale Maizières, château de Marimont, Donnelay, Juvelize, Marsal, Hampont, Amelécourt, Fresnes-en-Saulnois, auraient à couvrir ce mouvement. Les parcs et convois reflueraient derrière la Meurthe.

C'était une décision grave que prenait le commandant de la 2ᵉ armée. Les marches de nuit présentent toujours des inconvénients sérieux, quand il s'agit de colonnes importantes. Ces inconvénients sont singulièrement accrus pour des troupes sous l'impression morale d'un échec, à l'issue même d'un combat épuisant. Pour avoir pris ce parti, il fallait que le commandant de la 2ᵉ armée crut la situation tout à fait compromise. Peut-être entrait-il dans ce sentiment un peu de la surprise causée par l'attitude de l'ennemi, cédant d'abord le terrain avec une extrême facilité, évacuant ainsi des positions excellentes et même des travaux de fortification terminés, comme au sud de Morhange, laissant sur place des quantités de munitions et de matériel, puis faisant tête avec des forces accrues et refoulant brusquement des troupes encore sous l'enivrement de trop faciles succès.

Jusqu'à preuve du contraire, il semble que cette tactique était préméditée et voulue (1). L'ennemi avait décidé d'arrêter notre droite sur le canal des Salines, dont la direction générale se prête à la défense. En même temps, il cédait vers le nord, attirant le centre et la gauche dans la zone d'action de la garnison de Metz, jusqu'à ce

---

(1) En analysant le livre de Bernhardi (*La guerre d'aujourd'hui*), nous avons signalé que son plan d'opérations comprenait un mouvement tournant de la droite allemande à travers la Belgique, la gauche cédant le terrain pour nous attirer vers le nord et rendre notre défaite plus complète.

que celle-ci pût intervenir à côté des troupes de campagne. La contre-attaque allemande avait pour elle de multiples avantages : la surprise stratégique, sinon tactique, la supériorité locale du nombre, la très grande infériorité de notre artillerie lourde.

En outre, nos deux corps de droite, le 15e en particulier, montrèrent peu de mordant et laissèrent le 20e corps en avant de leur ligne, alors qu'il eût dû être en échelon refusé, pour faire face à l'éventualité probable d'une attaque sortant de Metz (1). Nos trois divisions de cavalerie, groupées en un corps, « en vue de poursuivre l'adversaire », qui n'était pas encore battu, perdirent de leur mobilité et jouèrent un rôle insignifiant. Il faut ajouter que le pays entre la Sarre et la région des Etangs, fortement ondulé, semé de grands bois, se prête peu à l'action de cette arme. Une chose certaine, c'est qu'elle renseigna insuffisamment le commandement, tâche qui, depuis l'Epopée révolutionnaire, a toujours été et reste encore la principale pour elle. Mieux informé, le commandant de l'armée l'eût sans doute établie sur des positions défensives pour y attendre la contre-attaque allemande. Au lieu d'attaquer sur un très large front, sans profondeur, comme le 19 août, il aurait pris une formation plus dense et gardé une réserve générale qui lui fit défaut en ce jour.

Ajoutons enfin que le principe même de l'attaque à fond contre un ennemi que tout devait faire supposer en forces supérieures, uniquement pour retenir sur le front lorrain des effectifs aussi considérables que possible, ce

---

(1) Il convient de répéter que cette situation du 20e corps paraît imputable au commandant de corps d'armée et non au général de Castelnau.

principe paraît éminemment contestable. De même pour la zone d'opérations choisie, à cheval sur la région des Etangs, c'est-à-dire sur un terrain se prêtant mal aux mouvements des armées.

Si au lieu d'attaquer comme elle le fit, la 2e armée avait gardé une attitude menaçante sur la frontière ou à courte distance, si elle avait fait de la défense active, elle eût maintenu en Lorraine des effectifs identiques, sans user inutilement des forces qui allaient devenir indispensables pour la protection même du sol national. Comme nous l'avons dit, le principe de l'offensive initiale simultanée sur tout le front, s'il est souvent vrai en tactique, est faux en matière de stratégie, surtout quand l'assaillant dispose d'effectifs moindres que son adversaire. Dans ce cas, à vouloir attaquer partout, il faut se résoudre à n'être fort nulle part, ce qui nous arriva en ce tragique mois d'août 1914.

VII

L'ordre de retraite donné par le général de Castelnau prévoyait le repli du 16e corps sur Réchicourt-le-Château et Maizières; celui du 15e sur Donnelay et Marsal; le 20e devait appuyer sa droite à Marsal, sa gauche restant sans doute à Château-Salins.

Si la situation l'exigeait, la retraite continuerait, le 16e corps marchant sur Lunéville, le 15e sur Dombasle, le 20e sur Saint-Nicolas, les divisions de réserve sur le Grand-Couronné. Nous aurions ainsi tenu la ligne de la Meurthe, de Lunéville à Nancy.

Mais la première de ces solutions se révélait promptement inadmissible. Dès le 20 août, à midi, l'une des divisions du 16e corps s'était repliée sur Gelucourt, au sud-est de l'étang de Lindre. Bien que ce village fut sensiblement au nord de la ligne Réchicourt - Le-Château - Maizières, que devait atteindre le corps d'armée, le général de Castelnau jugea que la prolongation de la retraite s'imposait. Les renseignements d'origine allemande tendent à montrer que cette décision ne pouvait être évitée (1).

Toujours est-il vrai que la retraite de la 2ᵉ armée s'opéra dans la soirée du 20, la nuit et la journée sui-

---

(1) Voici comment le *Bulletin français* du 21 août, 23 heures, résumait la journée du 20 en Lorraine : Plusieurs corps d'armée allemands ont engagé sur tout le front une vigoureuse contre-attaque. « Nos avant-gardes s'étant repliées sur le gros, le combat a commencé extrêmement vif de part et d'autre; en raison de la supériorité numérique de l'ennemi, nos troupes, qui se battaient depuis six jours sans interrúption, ont été ramenées en arrière. Notre gauche couvre les ouvrages avancés de Nancy. Notre droite est solidement installée dans le massif du Donon. L'importance des forces ennemies engagées ne nous eût permis de nous maintenir en Lorraine qu'au prix d'une imprudence inutile. »

Le *Communiqué allemand* du 22 août porte : « Les forces françaises battues entre Metz et les Vosges sont poursuivies aujourd'hui (vendredi 21) par les troupes allemandes.

« La retraite des Français a dégénéré en fuite.

« Jusqu'ici nous avons fait plus de 10.000 prisonniers et pris au moins 50 canons.

« Les forces ennemies comprenaient plus de huit corps d'armée. »

Le *Bulletin français* du 22 août, 23 heures, porte que l'offensive allemande en Lorraine a été arrêtée. Des engagements ont eu lieu sur les hauteurs au nord de Lunéville. « On a l'impression que dans ces actions l'attaque des Allemands a été molle.... Si nos pertes au cours de ces trois jours derniers ont été sérieuses, celles des Allemands l'ont été également. »

Le Bulletin traite les télégrammes allemands de ridiculement exagérés : « Le succès des Allemands en Lorraine ne dépasse pas celui remporté par nous en Alsace; d'ores et déjà même, le nombre de canons laissés par nous entre leurs mains est certainement inférieur à celui que nous leur avons pris en Alsace, et le total des morts, blessés, prisonniers, disparus n'atteindra pas, de beaucoup, 10.000, chiffre donné comme nombre des prisonniers seuls... ». Il ne semble pas que ces renseignements soient d'une exactitude absolue, tant s'en **faut.**

vantes, non sans d'extrêmes fatigues pour la plupart des éléments. Ce mouvement fut couvert par le 20° corps, renforcé de la 68° division de réserve, qui eut l'ordre de tenir le plus longtemps possible la tête de pont de Château-Salins.

Pour parer à l'imprévu, l'embarquement du 9° corps, déjà commencé, fut suspendu et les trois brigades maintenues s'établirent dans la soirée sur le Couronné. Le gouverneur de Toul eut l'ordre de tenir avec la 73° division de réserve la rive gauche de la Moselle, pour empêcher les Allemands de tourner l'extrémité nord du Couronné, à Sainte-Geneviève. Deux autres divisions de réserve (64° et 74°) étaient mises à la disposition du général de Castelnau. Les deux divisions de cavalerie qui, les jours précédents, avaient été constituées en corps de cavalerie avec la division de la 1re armée et rattachées provisoirement à cette dernière, étaient réintégrées dans la 2° armée et chargées de couvrir sa droite, au sud-est de Lunéville (22 août). Les travaux du Couronné étaient activement poussés.

Au début, l'ennemi, qui avait sans doute beaucoup souffert les 19 et 20, montrait peu de mordant et la retraite s'effectuait dans un ordre relatif, coupée de temps d'arrêt marqués, surtout au 20° corps. Le soir du 21 août, les trois corps d'armée avaient atteint les zones marquées pour leur reconstitution (1); la défense du Couronné était assurée par les trois brigades du 9° corps,

---

(1) D'après *La victoire de Lorraine. Carnet d'un officier de dragons*, p. 15, la 11° division arrive le 21 août à Dombasle, ayant dans les jambes 70 kilomètres. Le général Foch lui donne aussitôt l'ordre d'organiser la défense à l'est de la Meurthe. Tout le jour, l'ennemi se heurte à Flainval contre la 22° brigade, qui ne rompt pas d'une semelle.

les 70ᵉ, 59ᵉ, 68ᵉ et 73ᵉ divisions de réserve. Les 64ᵉ et 74ᵉ achevaient leur débarquement et prenaient d'abord position, la 64ᵉ division sur le plateau de Saffais, entre Meurthe et Moselle; la 74ᵉ dans la trouée, entre ce plateau et la Mortagne (rive gauche) (1). Mais cet équilibre ne tarda pas à être rompu. Dès le 22 août (2), une attaque très violente, soutenue par une puissante artillerie, se déclenchait sur les positions du 16ᵉ corps, vers Crion et Sionviller, au nord-est de Lunéville. Le corps d'armée entier cédait sous la pression ennemie et se retirait par les ponts de cette ville au sud de la Meurthe, sous la protection de son artillerie (3). Il pouvait ainsi gagner la région de Xermaménil, sur la rive droite de la Mortagne. Mais le général de Castelnau jugeait nécessaire de continuer la retraite, ne voulant pas livrer bataille avant d'avoir complètement reconstitué ses trois corps d'armée. Les 16ᵉ et 15ᵉ corps prolongeaient leur mouvement vers l'ouest, le 16ᵉ allant sur les hauteurs de Belchamps (entre Bayon et Xermaménil), la 74ᵉ division de réserve à sa droite, sur la route de Bayon à Lunéville; le 15ᵉ corps vers Haussonville et Ferrières, le 20ᵉ corps vers Saint-Nicolas, après des combats heureux sur les hauteurs de Flainval, les autres divisions de réserve sur le Grand-Couronné, prêtes à intervenir soit vers Haraucourt, soit vers Réméréville.

---

(1) *La victoire de Lorraine. Carnet d'un officier de dragons*, p. 7 et suiv.

(2) Le 22 août, la 2ᵉ armée est ainsi composée (Général Malleterre, *op. cit.*, p. 290-291) : 20ᵉ, 15ᵉ, 16ᵉ corps; 34ᵉ et 35ᵉ brigades du 9ᵉ corps; brigade coloniale de réserve; 2ᵉ groupe de divisions de réserve (59ᵉ, 68ᵉ, 70ᵉ); 64ᵉ, 74ᵉ divisions de réserve, 2ᵉ corps de cavalerie. Les 18ᵉ et 9ᵉ corps (2 brigades) avaient quitté la 2ᵉ armée les 17 et 18.

(3) Les 15ᵉ et 16ᵉ corps paraissent s'être retirés tous les deux par Lunéville (*La victoire de Lorraine. Carnet d'un officier de dragons*, p. 7 et suiv.).

La retraite des 15ᵉ et 16ᵉ corps ne s'était pas faite sans désordre, ainsi qu'il est facile de le constater. Voici le récit d'un témoin, d'ailleurs expurgé par la censure et plus éloquent par ce qu'il laisse entrevoir que par son texte lui-même : « C'est la retraite de notre armée. De tous les chemins qui viennent de la frontière et se croisent ici (1), de Lunéville par la grand'route, des troupes arrivent... C'est de l'infanterie de ligne; ce sont des chasseurs, des artilleurs à pied... point de compagnies... Tous mélangés. Et parmi eux, des paysans qui suivent aussi, en voiture, à pied, des vieillards, des femmes avec leurs enfants.... Les soldats passent toujours; ce sont des troupes de l'armée active, des hommes de vingt ans ! De plus âgés se mêlent à eux : ce sont des garde-voies de nos lignes ferrées qui, voyant la retraite, se retirent pour ne pas être pris.... Ils marchent aussi vite que le leur permet leur épuisement. Il y a presque autant de blessés que de valides.... Les voitures des convois, les trains régimentaires circulent au milieu de ces troupes. Les plus fatigués ou les plus atteints ont tenté de les prendre d'assaut... Les conducteurs hurlent, frappant leurs chevaux, bousculant les voitures, écrasant les piétons pour aller plus vite... Deux corps d'armée ont ainsi défilé sur cette route toute l'après-midi et toute la nuit ». Un peu plus loin, ce témoin mentionne que des paysans, « sentant venir l'invasion », refusent de vendre des vivres à la grande indignation des soldats, qui semblent envahis par un extrême découragement et font entendre d'amères protestations (2). »

____

(1) Au passage à niveau du chemin de fer de Nancy à Epinal sur la route de Lunéville à Bayon (22 août).

(2) *La victoire de Lorraine. Carnet d'un officier de dragons*, p. 10 et 12. De même, M. Hanotaux, IV, p. 280, montre le général de Castelnau, à Armacourt, veillant à l'écoulement du *flot désordonné*.

Après avoir traversé la 74ᵉ division de réserve, les 15ᵉ
et 16ᵉ corps se reformèrent « avec une souplesse méridio-
nale étonnante. Et ce fut un objet d'admiration sans
pareil que de voir ces soldats hier encore battus, décou-
ragés, revenir ardemment à la bataille, deux jours après,
leurs régiments reformés, les brigades dans la main du
chef... » (1).

On ne signalait qu'un corps d'armée allemand entre
le Sanon et la Meurthe, un autre entre la route de Nancy
à Château-Salins et le Sanon, une division au nord de
cette route. Si ces renseignements étaient exacts, la ba-
lance des forces numériques apparaissait de beaucoup à
notre avantage et la continuation de notre retraite ne
s'expliquait guère, bien que l'on considérât encore comme
possible une forte attaque pour le 23 août.

Nous verrons dans un autre volume comment les 1ʳᵉ et
2ᵉ armées reprirent simultanément l'offensive à cette date.
Avant de clore celui-ci, nous voudrions examiner une
question qui a été posée au sujet de l'offensive de nos
troupes de Lorraine et de leur retraite. D'une étude publiée par M. G. Hanotaux (2), il semble résulter qu'une

---

(1) *Ibid.*, p. 14. Cf., dans le même sens, Christian Frogé, p. 83 et
suiv.

(2) *La bataille de la trouée de Charmes, Revue des Deux Mondes*,
1916.

Le *Bulletin français* du 23 août, 15 heures, signalait la destruction
du zeppelin *L-8* sur la route de Celles à Badonviller. Il mentionnait
le retrait de nos troupes du Donon et du col de Saales, ces points
n'ayant plus d'importance, « étant donné que nous occupons la ligne
fortifiée qui commence au Grand Couronné de Nancy. Lunéville a été
occupé par les Allemands ».

Le *Communiqué allemand* du 24 août porte : « ...Les troupes qui,
sous la conduite du prince héritier de Bavière, furent victorieuses
en Lorraine, ont franchi la ligne Lunéville - Blâmont - Cirey. Le
XXIᵉ corps d'armée est aujourd'hui à Lunéville.

« La poursuite de l'ennemi a commencé à porter ses fruits; l'aile

*

même pensée directrice aurait présidé à cet ensemble d'opérations, qui se seraient déroulées suivant un programme fixé à l'avance. Les 1re et 2e armées auraient battu en retraite d'un mouvement combiné après leur courte offensive dans la Lorraine annexée, mais cette retraite eût été voulue : nous devions tendre une sorte de piège à bascule devant les troupes allemandes, la plate-forme du piège étant constituée par l'armée Dubail, la charnière et l'abattant par l'armée Castelnau. L'ennemi s'engageant dans la trouée de Charmes à la suite de cette dernière, l'armée Dubail se bornait à le contenir, l'armée Castelnau lui infligeait une défaite sanglante, le tout en exécutant à la lettre les ordres du commandant en chef (1).

Est-il nécessaire de dire que ces considérations tiennent beaucoup plus du roman que de l'histoire? Il semble que M. Hanotaux exagère singulièrement les mérites du grand quartier général et de l'état-major de la 2e armée dans cette phase de nos opérations. En réalité, de nos deux armées de Lorraine, la 1re livra autour de Sarrebourg une bataille indécise, bien que plutôt défavorable dans son ensemble; elle se préparait à reprendre l'offensive, pour laquelle des forces fraîches ou ayant été à peine engagées demeuraient à sa disposition. Quant à la 2e armée, elle fut assurément battue à Morhange et dut se replier. C'est plusieurs heures après le début de son mouvement rétrograde que le général Dubail ordonna le sien.

---

des Vosges (?) fit de nombreux prisonniers et a pris 150 canons et des drapeaux... ». Ces derniers renseignements paraissent être grossièrement exagérés.

(1) Voir au sujet de cette discussion, commandant G. V., *La 1re armée et la bataille de la trouée de Charmes*, *Revue* du 1er-15 janvier 1917, p. 25 et suiv.

La 2ᵉ armée ne se préparait nullement, au début de
sa retraite, à occuper les hauteurs du Grand-Couronné et
à en faire la base de notre contre-offensive dans l'Est,
comme paraît l'admettre M. Hanotaux. Les Allemands ne
se proposaient pas davantage, comme principal objectif,
d'enlever le Grand-Couronné et, par suite, Nancy. Ils
opéraient, du 21 au 23, une violente poussée sur le centre
et la droite de la 2ᵉ armée, qui ne pouvaient y résister.

Vainement les 15ᵉ et 16ᵉ corps essayaient de défendre
Lunéville et le passage de la Meurthe. Ils étaient refoulés
et devaient se replier sur les hauteurs entre cette rivière
et la Moselle. Les Allemands atteignaient Gerbéviller et
Rozelieures, menaçant sérieusement Bayon et la trouée de
Charmes. La 2ᵉ armée courait risque d'être enveloppée
par sa droite. Comment admettre qu'un pareil résultat
était l'aboutissement voulu d'un plan longuement mûri
par notre haut commandement? (1).

L'histoire militaire, aussi bien que l'histoire en général,
ne comporte des enseignements que si elle fait abstrac-
tion de toute considération s'opposant à la recherche de
la vérité. Hors du vrai, si peu flatteur qu'il soit parfois,
si contraire qu'il puisse être à la légende, aux réputations
qu'elle crée trop souvent, aux passions comme aux intérêts apparents du pays, il n'y a plus que du roman historique, souvent très goûté du lecteur, nous n'en disconve-
nons pas, mais de nul profit pour lui, puisque l'historien
lui laisse ses idées fausses et parfois en ajoute de nouvelles.

Parmi certains des historiens de la Grande Guerre, on
voit déjà poindre de fâcheuses tendances, « la préoccupation constante de trouver dans les faits... le résultat des

---

(1) Commandant G. V., *loc. cit.*, p. 27.

préparatifs savants d'un génie organisateur » (1). Sans doute, les Allemands en ont donné l'exemple dans leurs récits officiels ou officieux concernant la guerre de 1870. On ne peut douter qu'ils accentueront encore ce procédé quand ils entreprendront de raconter la guerre présente. Mais nous n'en persisterons pas moins à croire que la vérité sans fard est la qualité essentielle d'une œuvre historique et que le souci de ménager l'orgueil national doit toujours s'effacer devant elle.

VIII

Ainsi, en Lorraine comme en Alsace, la guerre débutait pour nous sous de fâcheux auspices. Après de trop faciles succès, qui nous faisaient concevoir des espérances tout à fait exagérées, l'ennemi nous rejetait sur presque tous les points, envahissant une partie notable du territoire national, voué dès lors à la plus impitoyable des dévastations. Quoi qu'on en ait dit, la portée des échecs subis par nous dépassait de beaucoup celle des insuccès des Allemands.

Nous avons signalé à plusieurs reprises, parmi les causes générales qui avaient créé cette situation, l'insuffisance de notre préparation, qui se trahissait aux moindres détails. Dès les premiers combats, on se rendait enfin compte du danger que présentaient pour nous les couleurs voyantes de nos uniformes et les signes distinctifs de grades. Jusqu'alors, en dépit de l'exemple donné autour de nous par la plupart des armées, nous nous étions attachés à conserver le pantalon rouge, sous prétexte qu'il était de tradition constante dans nos armées. On objectait vainc-

---

(1) Commandant G. V., p. 27.

ment que la couleur garance n'avait été adoptée que sous la Restauration, que toutes nos grandes guerres de la République et de l'Empire s'étaient faites sous d'autres uniformes, que la question de visibilité devenait d'importance majeure depuis les progrès accomplis par l'armement. Rien n'y faisait; les commissions entassaient les rapports; on multipliait les essais, les expériences. Il suffisait de l'avis de techniciens attachés à la routine, de quelques journalistes, de spectateurs de la revue du 14 juillet, pour faire rejeter, par exemple, le modèle très rationnel proposé par le peintre Detaille, bien que cet uniforme vert réséda fût assurément des moins visibles en rase campagne (1).

L'épreuve du feu fut concluante et l'on se hâta d'adopter une solution provisoire, en recouvrant de cotonnade bleue le pantalon rouge et le képi de l'infanterie.

De même, on s'était longtemps obstinément refusé à comprendre qu'au feu l'officier ne peut avoir une tenue différente de celle du soldat, à moins d'exposer les cadres à une complète destruction. Le général Boulanger avait prescrit l'adoption de la capote bleue pour les officiers en campagne. L'un de ses successeurs abrogea cette disposition, sous prétexte que, pour entraîner sa troupe, pour lui servir au besoin de centre de ralliement, l'officier devait garder une tenue distincte (2). A la veille de la guerre, sous l'influence d'idées très honorables, mais peu rationnelles, les jeunes officiers de certaines promotions

---

(1) Pour rendre hommage à la vérité, rappelons que le ministère de la Guerre, peu avant la guerre, avait proposé l'adoption du drap dit *tricolore*, en réalité d'un ton gris bleuté. Des difficultés de fabrication en empêchèrent l'emploi.

(2) Nous avons entendu le général S., membre du comité de l'infanterie, futur commandant du 4ᵉ corps, développer complaisamment cette théorie.

s'engagèrent à recevoir le baptême du feu en gants blancs, et même avec le plumet de Saint-Cyr, le *casoar*, comme on dit dans l'argot du *bahut spécial;* le résultat fut tel qu'il fallut se hâter de rendre aussi peu visibles que possible les insignes de grade et imposer immédiatement l'usage de la capote bleue. Finalement, il fallut se décider à vêtir toute l'armée de bleu horizon ou de kaki, et à donner aux combattants un casque en acier renouvelé des Guerres de Religion.

Cette insuffisance de notre préparation se montrait sous beaucoup d'autres rapports. Notre infanterie comptait une très faible proportion de mitrailleuses (1); encore l'instruction des mitrailleurs et de leurs cadres était-elle souvent rudimentaire. De même pour l'artillerie lourde, à peu près inexistante chez nous, alors que les Allemands en étaient abondamment pourvus et ne devaient pas cesser d'en augmenter la proportion, ainsi d'ailleurs que des mitrailleuses. Or, on a cherché le rendement maximum par homme et par minute de chaque arme, en multipliant la force vive du projectile par le nombre de coups tirés en une minute et en divisant le produit par le nombre des hommes employés au service et au ravitaillement de l'arme.

Voici les résultats obtenus .

Fusil 1886	25.160
Mitrailleuse	235.875
Canon de 75	252.825
Canon de 155 court (2)	425.200

---

(1) Nous sommes arrivés sur le front en première ligne, entre l'Oise et la Somme, au 1er octobre 1915, avec une division territoriale de quatre régiments qui comptait en tout une *section* de mitrailleuses.

(2) Quand on dépasse ce calibre, le rendement de l'arme tend à se réduire. Ainsi, pour le mortier de 270, il n'est plus que de 102.400.

On voit l'écrasante supériorité de la mitrailleuse, du canon de 75 et surtout de la pièce lourde de moyen calibre sur le fusil. Encore faut-il ajouter que ce calcul de rendement ne tient pas compte de la force vive résultant de l'explosion des obus, force qui peut être fort considérable (1).

Sans doute, il ne faudrait pas en conclure que toute l'infanterie peut être remplacée avec avantage par des mitrailleuses et du canon, mais il paraît incontestable que, dans la guerre actuelle, l'armement et les munitions jouent un rôle de plus en plus important. Cette vérité était méconnue chez nous et il fallut les sanglants enseignements du combat pour la faire admettre peu à peu, non sans une résistance et des hésitations qui n'ont peut-être pas encore absolument cessé.

Nous avions été les initiateurs de l'emploi militaire de l'avion, comme de la mitrailleuse. Dans ces deux cas, nous nous laissâmes dépasser par les Allemands, qui cherchèrent et surent trouver les meilleures dispositions permettant d'utiliser pratiquement ces engins. Ils entrèrent en campagne, dit-on, avec 1.500 avions, chiffre qui paraît avoir dépassé de beaucoup nos disponibilités (2). En outre, leur aviation était organisée de façon à satisfaire aux principales des tâches qui incombent à cette nouvelle arme : le bombardement des troupes, des batteries et des lieux habités; le réglage du tir; la chasse des avions ennemis.

Dès les premiers engagements, tous les témoins signalent le petit nombre ou même l'inexistence de nos avions,

---

(1) *Les préjugés des effectifs et la mobilisation civile*, par un sapeur, *Grande Revue*, février 1917, p. 587.

(2) L'armée française n'en comptait que 103 au début (Hanotaux, IV, p. 206, d'après le *Temps* du 1ᵉʳ janvier 1916).

leur faible action en face des appareils allemands, beaucoup plus nombreux, qui peuvent en toute sécurité travailler au réglage du tir (1).

A ces causes générales de nos premiers revers, d'autres
vinrent se joindre particulières aux deux armées de Lorraine. Etait-il opportun de leur faire prendre l'offensive
avec des moyens insuffisants, devant un ennemi il est
vrai inférieur en nombre (2), mais mieux pourvu et opérant sur un terrain familier? Dans les conditions où elle

---

(1) Cf. Docteur V., *En suivant nos soldats de l'Ouest, Ouest-Eclair*
du 17 janvier 1917; G. Hanotaux, *La bataille des Ardennes, Revue des
Deux Mondes*, 15 février 1917, p. 759, etc.

(2) Cette question du nombre vaut d'être examinée de près. Suivant
le général Malleterre (*op. cit.*, p. 274-275), les VIe et VIIe armées
allemandes, opérant en Lorraine, comprenaient les XIVe, XVe, XXIe
corps, les Ier, IIe, IIIe corps bavarois, le XIVe corps de réserve et le
Ier corps de réserve bavaroise, plus des troupes de landwehr et d'ersatz
non spécifiées. C'était un total de seize divisions d'infanterie, dont
douze actives. En y ajoutant le XIIIe corps, qui paraît avoir stationné
dans cette région en août, le total atteint dix-huit divisions, dont
quatorze actives.

En face d'elles, il y avait, le 22 août :

L'armée d'Alsace : 7e corps, 44e division, quatre divisions de réserve
et cinq groupes alpins, soit huit divisions;

La 1re armée : 8e, 13e, 14e, 21e corps, une brigade coloniale, une
division de réserve, soit onze divisions et demie;

La 2e armée : 15e, 16e, 20e corps, trois brigades du 9e corps, une
brigade coloniale, cinq divisions de réserve, soit treize divisions.

Total général, trente-deux divisions et demie, dont dix-huit divisions et demie de troupes actives.

Dans ce calcul, on a tenu compte du fait que le corps d'armée
français était à cinq brigades, dont une de réserve.

Il résulte de ce qui précède que le 22 août nous avions certainement la supériorité du nombre, en troupes actives comme en troupes
de réserve, sur l'ensemble du front alsacien-lorrain, de la frontière
suisse au nord de Toul. On a souvent écrit le contraire chez nous,
même dans des documents officiels.

Il convient d'ajouter que la répartition n'était pas la même chez
les deux adversaires. Ainsi, devant l'armée d'Alsace, le 22 août, il
paraît ne plus y avoir d'unités actives.

était entreprise, cette offensive ne pouvait avoir que des résultats très limités, même en admettant qu'elle réussît. Les risques à courir étaient plus sérieux. Le jeu n'en valait donc pas la chandelle, suivant l'expression vulgaire. Pour maintenir des forces suffisantes en Lorraine annexée et en Alsace, il suffisait d'une défense active de nature à tenir l'ennemi en haleine, à ne pas lui permettre de dégarnir un front, d'ailleurs très fort, au bénéfice du centre ou de l'aile marchante de sa longue ligne.

On a dit que « les capacités offensives des corps engagés » en Lorraine « étaient de valeur inégale » et cette affirmation ressort trop bien des faits pour nécessiter une démonstration. S'il est une chose incontestable, c'est qu'avant la guerre présente les aptitudes militaires de nos troupes variaient grandement selon la région et aussi d'après les traditions créées par le commandement local. On en avait eu la preuve dans les manœuvres d'automne, pendant les grèves du Nord, lors des troubles du Midi. Les événements d'août 1914 devaient apporter à ces observations une éclatante confirmation (1).

En ce qui concerne les opérations de la 2ᵉ armée, elles permirent de constater qu'une partie des troupes témoi-

---

(1) L'attitude du 15ᵉ corps, notamment, a donné lieu à de vives discussions, où des opinions très exagérées ont été émises de part et d'autre. Le *Matin* du 24 août publiait, sous la signature A. Gervais, sénateur de la Seine, *La vérité sur l'affaire du 21 août*. Il s'efforçait d'y démontrer qu'une division du 15ᵉ corps, celle provenant d'Antibes, de Toulon, de Marseille et d'Aix, avait lâché pied devant l'ennemi. Le bruit se répandait même que l'article avait été écrit à la demande du ministre de la Guerre, M. Messimy. Quoi qu'il en fût, ces conclusions étaient violemment attaquées. On faisait valoir les pertes des régiments incriminés. Le 61ᵉ, par exemple, aurait perdu 48 officiers sur 61 et le tiers de son effectif. Cf. Hanotaux, IV, p, 266 et suiv., analysant un article de M. A. Lefèvre, député, *Matin* du 25 février 1915.

‚gnaient en toute occasion d'un mordant qui n'avait d'égal que leur ténacité. D'autres, au contraire, furent « profondément impressionnées par le feu de l'artillerie lourde allemande » et le laissèrent trop voir. Ajoutons que ces mêmes troupes ne furent pas longues à se ressaisir et que, certaines modifications indispensables ayant été effectuées dans leurs cadres, elles tinrent honorablement leur place lors de la reprise de l'offensive. Nouvelle preuve que le plus ou moins de valeur du commandement a sa contre-partie obligée dans la qualité du soldat et de la troupe. Tant vaut le chef, tant vaut le simple combattant. Cette remarque, vraie pour toutes les armées, ne l'est nulle part davantage que pour la nôtre.

TABLE DES MATIÈRES

Pages.

CHAPITRE VII

LES OPÉRATIONS SOUS LIÉGE

CHAPITRE VIII

PREMIÈRE OFFENSIVE FRANÇAISE EN ALSACE

CHAPITRE IX

DEUXIÈME OFFENSIVE EN ALSACE

CHAPITRE X

L'OFFENSIVE DE LA 1re ARMÉE DANS LES VOSGES

CHAPITRE XI

LA BATAILLE DE SARREBOURG

CHAPITRE XII

RETRAITE DE LA 1re ARMÉE

CHAPITRE XIII

L'OFFENSIVE DE LA 2e ARMÉE

OPÉRATIONS EN ALSACE ET DANS LES VOSGES

Extrait de la carte au 320.000ᵉ (feuilles de Mulhouse, Strasbourg, Metz et Dijon)

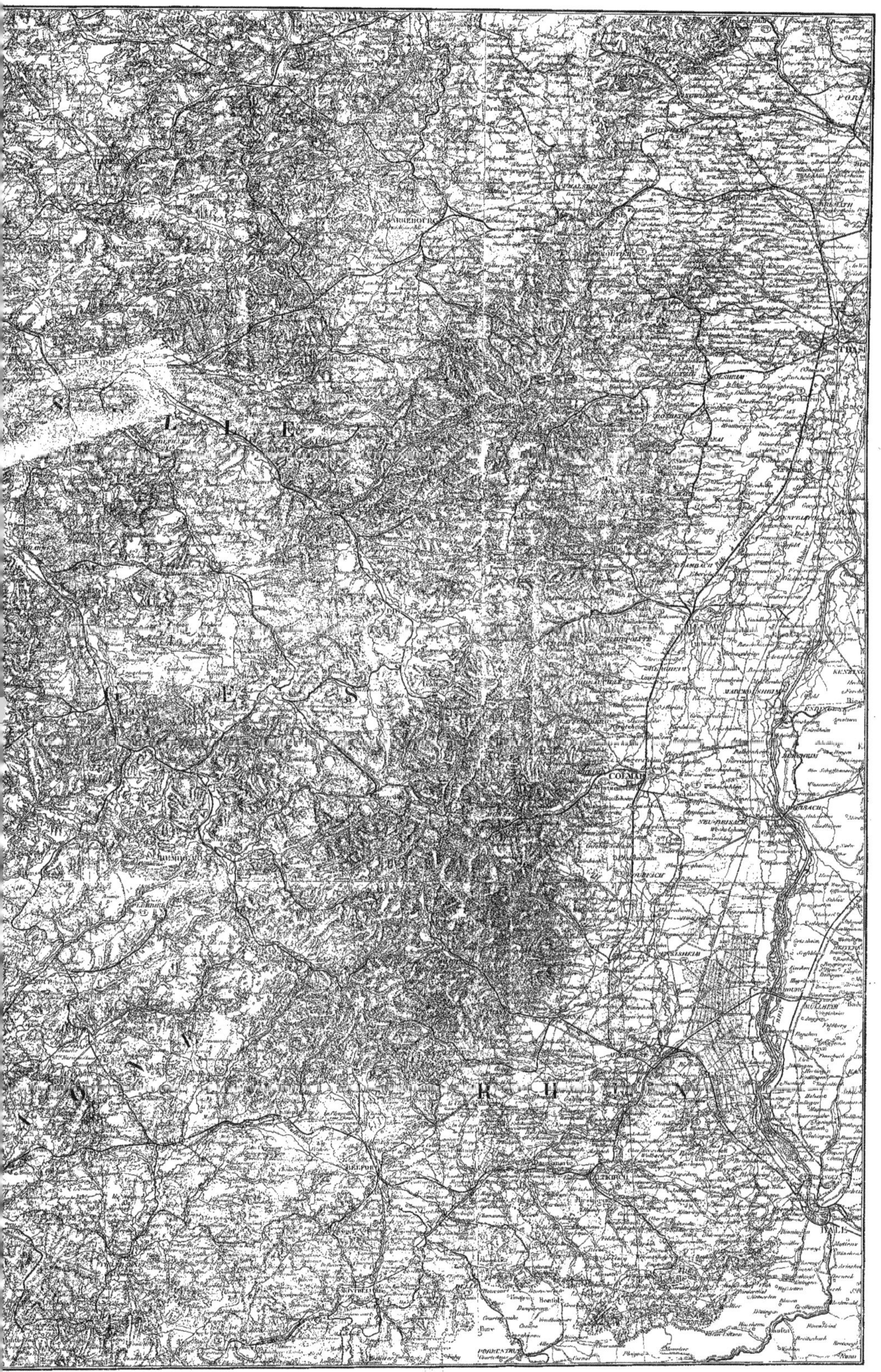

BATAILLE DE SARREBOURG

Extrait de la carte au 80.000ᵉ (feuilles de Saverne, Strasbourg, Sarrebourg et Lunéville)

BATAILLE DE MORHANGE

Extrait de la carte au 80.000ᵉ (feuille de Sarrebourg)